日清日高
从挫折走向成功

李青东◎著

中国商业出版社

图书在版编目（CIP）数据

日清日高：从挫折走向成功/李青东著．—北京：中国商业出版社，2018.10

（快乐成长心理课）

ISBN 978-7-5208-0602-2

Ⅰ．①日… Ⅱ．①李… Ⅲ．①成功心理-青年读物 Ⅳ．① B848.4-49

中国版本图书馆 CIP 数据核字（2018）第 222066 号

责任编辑：唐伟荣

中国商业出版社出版发行

010-63180647　　www.c-cbook.com

(100053　北京广安门内报国寺1号)

新华书店经销

天津旭丰源印刷有限公司印刷

*

880×1230 毫米　　1/32　　8 印张　　180 千字

2018 年 11 月第 1 版　　2018 年 11 月第 1 次印刷

定价：39.80 元

*　*　*

（如有印装质量问题可更换）

前 言
PREFACE

　　每个人的成长过程都是一个不断自我提升和自我奋斗的过程。在成长的旅途中，我们不知道未来的日子里要经历些什么，不过既然已经行走在路上，还是要拼尽全力才行。

　　亲爱的朋友，你应该趁着年轻的时候为自己的人生做主。不管遇到什么，我们都要相信自己的能力，不断地调整自己，让自己不断前行。只有不停下脚步，奔向远方，才能看见黎明的曙光，才能走向成功之巅，才能活出生命的价值，实现人生的真正意义。

　　亲爱的朋友，你应该趁着年轻的时候学会坚强。挫折其实就是人生中的调味剂，是能让我们的人生更加精彩的催化剂，只有经历了，才会更有动力，才会更执着地奔赴梦想。所以，一定要记住，挫折存在的意义绝不是让你感叹生活艰苦、人生不易，而是催发你积极向上、努力进取。你明白了这个道理，就不会在挫折中迷失自己。

　　亲爱的朋友，你应该趁着年轻的时候学会淡定。淡定就是要学会控制情绪，做到处乱不惊；淡定就是逐渐地剔除心中不安分的东

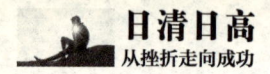

西,拭去心灵深处的浮躁;淡定就是戒骄戒躁,多一分自知之明;淡定就是面对得失,保持坦然的态度……有了淡定,人生自然从容。

亲爱的朋友,你应该趁着年轻的时候执着追求。"不积跬步,无以至千里。不积小流,无以成江海。""绳锯木断,水滴石穿。""锲而不舍,金石可镂。"凡事贵在坚持,贵在持之以恒。专心做好一件事情是获取成功的方法,坚定不移地走自己的道路,是迈上成功巅峰的最佳途径。只有将自己的力量集中到一个目标上,持之以恒地不断努力,才能够取得成功。

亲爱的朋友,你应该趁着年轻的时候放飞自己的梦想。人不能缺少梦想,人应该放飞梦想,向着心中远大的志向努力。放飞梦想,就是永远相信明天,明天会更好。在任何时候,我们都无法预测未来,但只有敢于放飞梦想,才能让青春无悔。

亲爱的朋友,你应该趁着年轻的时候逼自己一把。心中有梦固然好,但只想不做,目标只能成为水中月、镜中花。目标不是口号,执行才是关键。不管你现在决定做什么事,不管你设定了多少目标,你一定要让自己立刻行动。

亲爱的朋友,你应该趁着年轻的时候做充分的准备。你只有做好准备,养成良好的习惯,才能为将来的成功增添一份胜利的砝码。

亲爱的朋友,你准备好为自己的将来打拼了吗?

编 者

目 录
CONTENTS

第一章　为将来的自己赢得一片天地 / 001

要敢于给自己高点定位 / 002

战胜自己,改变命运 / 005

拒绝盲目,找准位置 / 009

扬长避短,完善自己 / 013

坚持自己的主见 / 016

摆脱依赖,学会自立 / 020

适合自己的才是最好的 / 023

第二章　那些坚持不懈的努力,才是通向成功的捷径 / 029

拼搏使人生获得精彩 / 030

燃起信念的"灯火" / 035

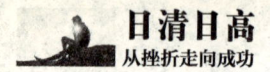

失败使人生变得完整 / 039

勇气，人一生应具备的素质 / 041

接受失败，反省自己 / 045

永不言弃，越挫越勇 / 048

风雨过后，才能见彩虹 / 053

第三章 硬起心肠，成功是和自己较量 / 057

天外有天，山外有山 / 058

坦然面对生活的得与失 / 062

错过了也能收获惊喜 / 066

理性地克制嫉妒心 / 069

用理智控制自己的情绪 / 073

遇事不斤斤计较 / 077

遏制浮躁的心态 / 080

第四章 当你快坚持不住时，再熬一熬 / 085

人际交往，信守诺言 / 086

友情之间，贵在平时 / 089

投之以桃，报之以李 / 092

学会沟通，引发共鸣 / 096

不吝啬微笑，得到他人认可 / 100

得饶人处且饶人 / 104

忍一时风平浪静,退一步海阔天空 / 109

第五章 成为更好的自己,迎接远道而来的你 / 115

明确目标和方向 / 116

小成绩成就大事业 / 120

坚持不懈,永不放弃 / 125

贵在持之以恒 / 129

不抛弃,不放弃 / 134

半途而废,遗憾终生 / 137

坚强意志成就人生道路 / 140

第六章 先有"人脉存折",后有"成就存折" / 145

心有多远梦就有多远 / 146

树立适合自己的理想 / 151

有梦想就要坚持到底 / 155

用果断的勇气去实现梦想 / 160

一点一滴实现梦想 / 163

坚定信念让梦想成真 / 167

将梦想之绳抓在手心 / 172

光靠想,无法实现梦想 / 177

第七章　淡定的人生最幸福 / 181

付诸行动,用行动创造奇迹 / 182
集中精力,专注于一个目标 / 187
充分的准备是成功的前提 / 191
成功青睐于有进取心的人 / 196
不要让借口成为拖延的温床 / 201
借口让成功寸步难行 / 205
落实方法是取得成功的真理 / 210

第八章　大胆点,人生能有几回搏 / 215

学习是赢得成功的竞争法宝 / 216
良好的习惯是成功的关键 / 220
成功需要脚踏实地 / 223
成功者把勤奋当成一种习惯 / 227
珍惜时间,切勿虚度光阴 / 231
养成虚心好学的习惯 / 236
善于借力,使自己强大 / 240
养成果断决定的习惯 / 244

第一章
为将来的自己赢得一片天地

人贵在有自知之明,如果一个人总是无法看清自己的不足,那么他将会枉活一世。天生我材必有用,认清自我、分析自我、完善自我,保留自己的特色,挖掘自己的闪光点,做最好的自己,才能更快地到达成功的巅峰。

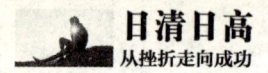

要敢于给自己高点定位

人因位置不同而命运不同，高位的人享受荣华富贵、生活轻松，底层的人为了维持生计，难免风吹日晒，还可能受人欺凌。两种截然不同的待遇当然与人的出身、家境有关，但也与我们的后天努力密不可分。富家子有可能家道败落，贫苦儿也有可能飞黄腾达，只要敢于设立目标并为之努力，终将会成功。

李斯出生于战国末期，是楚国上蔡人，少年时家境不太宽裕，年轻时曾经做过掌管文书的小官。至于他的性格为人，司马迁在《史记·李斯列传》中插叙了一件小事，能够形象地说明。据说，在李斯当小官时，有一次到厕所里方便，看到老鼠偷粪便吃，人和狗一来，老鼠就慌忙逃走了。过了不久，他在国家的粮仓里又看到了一群老鼠，这些老鼠整日大摇大摆地吃粮食，长得肥肥胖胖，而且安安稳稳，不用担惊受怕。他两相比较，十分感慨地说："人之贤不肖譬如鼠矣，在所自处耳！"意思是说，人有能与无能，就好像老鼠一样，全靠自己想办法，有能耐就能做官仓里的老鼠，否则就只能做厕所里的老鼠。

第一章　为将来的自己赢得一片天地

为了不做"厕所里的老鼠",他辞去了小吏职务,前往齐国,去拜当时著名的儒学大师荀子为师。荀子虽是继承了孔子的儒学,但他对儒学进行了较大的改造,较少地宣扬传统儒学的"仁政"主张,多了些"法治"的思想,这很合李斯的胃口。李斯十分勤奋,同荀子一起研究"帝王之术",即怎样治理国家、怎样做官的学问,学成之后,他便欲辞别荀子到秦国去。

荀子问他为什么要到秦国去,李斯回答说:人生在世,贫贱是最大的耻辱,穷困是最大的悲哀,要想出人头地,就必须干出一番事业来。齐王萎靡不振,楚国也无所作为,只有秦王正雄心勃勃,准备兼并齐、楚,统一天下,因此,那里是寻找机会、成就事业的好地方。如果尚在齐、楚,不久即成亡国之民,能有什么前途呢?所以,我要到秦国去寻找适合我的机会。

荀子同意李斯前往秦国入仕,但他告诫李斯要注意节制,在成功之际想想"物忌太盛"的话,不要一味地往前走,必要的时候要给自己留条后路。

李斯来到秦国,投到极受太后倚重的丞相吕不韦的门下,很快就以自己的才干得到了吕不韦的器重,当上了小官。官虽不大,但有接近秦王的机会,仅此一点,就足够了。处在李斯的位置,既不能以军功而显,亦不能以理政见长,他深深地知道,要想崭露头角,引起秦王的注意,唯一的方法就是上书。他在揣摸了秦王的心理、分析了当时的形势后,毅然给秦王上书说:凡是能干成事业的人,全是能够把握机遇的人。过去秦穆公时代国势很盛,但总是无法统一天下,其原因有二:一是当时周天子势力还强,威望还在,不易

推翻；二是当时诸侯国力量还较强大，与秦国相比，差距尚未拉开。不过从秦孝公以后，周天子的力量急剧衰落，各诸侯间战争不断，秦国已经趁机强大起来了。现在国势强盛，大王贤德，扫平六国真是如掸灰尘，正是建立帝业、统一天下的绝好时机，大王千万不可错过了。

这些话既符合秦国及各诸侯国的实际情况，又迎合了秦王的心理，所以李斯得到了秦王的赏识，被提拔为长史。接着，李斯不仅在大政方针上为秦王出谋划策，还在具体方案上提出意见，他劝秦王拿出财物，重贿六国君臣，使他们离心离德，不能合力抗秦，以便各个击破。这一谋略卓有成效，李斯因而被秦王封为客卿。李斯在秦国开始崛起了，最终做到了丞相的高位。

李斯受茅厕和粮仓里老鼠的不同际遇的启发，对自己的定位进行了重新审视，重新给自己确定了人生方向，那就是，要做"粮仓里的那只老鼠"，要寻找自己的最佳位置。李斯是个有志气的人，对自己高标要求、高点定位，而清醒的头脑更为他的志气插上了翅膀，使他为自己选择了一个与众不同的起点。

每个人的命运都在自己手中，每个人都能做出不俗的业绩，关键就在于敢不敢自己重用自己。谁要总将命运寄托于他人，祈求他人的重用，那结果必将是受人役使和摆布，或者"为他人做嫁衣裳"。

勇于为自己高点定位的人永远不会让自己成为这种配角。他们相信自己、依靠自己，并且因为自己的自信而敢于拼搏，成功也就只是时间的问题。如果你看重自己，勇于给自己一个高点的定位，你也可以成就自己。

战胜自己，改变命运

人生道路崎岖坎坷，没有人是一帆风顺的。有些挫折可能会影响一个人的一生，甚至使人一蹶不振。此时不要灰心，要清醒地认识到，再大的挫折也只是一段经历而已。我们要勇于战胜自己，书写人生的美好篇章。

一天，三只青蛙一同掉进了一个桶里，更不幸的是，这个桶里装着满满的新鲜的牛奶。黏黏的鲜奶把它们紧紧裹住，它们几乎动弹不得。

一只青蛙说："这或许是神的旨意，命当如此，无需挣扎，再怎么挣扎也是徒劳无益。"于是，它一动不动，双眼紧闭，等待着死神的到来。

另一只青蛙说："这只桶太深了，纵使我摆脱了鲜奶的束缚，我也无法跳出去，怪只怪当初不小心，现在后悔也来不及了。"它一脸悲凉，同样一动不动地待在桶里等待死亡。

第三只青蛙什么都没有说，它试了试，发现后腿还可以活动，于是它运足力气,使劲地蹬着、跳着。鲜奶在它的剧烈运动下结成了疙瘩。它跳到奶块上,然后便借助奶块跳出了这只深桶。

如果相信命运的存在,自己就可以去创造命运,每个人都是自己命运的主宰者。自己的人生是失败还是成功,自己的生活是丰富多彩的还是暗淡无色的,在很大程度上可以由自己去决定。尼采曾经这样说过:"那些受苦受难、孤寂无援、饱尝凌辱的人,不要被妄自菲薄、自惭形秽、颓唐压得抬不起头,你们唯一所能依靠的就是自己,就是自己生命的力量。"

上帝造了一群鱼。这些鱼种类多样,大小各异。为了让它们具有生存本领,上帝把它们的身体做成流线型,而且十分光滑,这样游动起来可以大大减少水的阻力。上帝使每种鱼拥有短而有力的鳍,使它们在大海中自由自在地游动。

待上帝把这些鱼放到大海中的时候,忽然想起一个问题,鱼的身体比重大于水,这样,鱼一旦停下来,它就会向海底沉去,沉到一定深度,就会被水的压力压死。于是,上帝赶紧找到这些鱼,又给它们一个法宝,那就是鱼鳔。鱼鳔是一个可以自己控制的气囊,鱼可以用增大或缩小气囊的办法,来调节沉浮。这样,鱼在海里就轻松多了,有了气囊,它不但可以随意沉浮,还可以停在某地休息。鱼鳔对鱼来讲,实在是太有用了。

出乎上帝意料的是,鲨鱼没有前来安装鱼鳔。鲨鱼是个调皮的家伙,它一入海,便消失得无影无踪,上帝费了好大的劲儿也没有找到它。上帝想,这也许是天意吧。既然找不到鲨鱼,那么只好由它去了。这对鲨鱼来讲实在太不公平了,它会由于缺少鱼鳔而很快

第一章　为将来的自己赢得一片天地

沦为海洋中的弱者，最后被淘汰。为此，上帝感到很悲伤。

亿万年之后，上帝想到他放到大海中的那群鱼来，他忽然想看看鱼们现在如何。他尤其想知道，没有鱼鳔的鲨鱼如今到底怎么样了，是否已经被别的鱼吃光了。

当上帝将海里的鱼都找来的时候，他已经分不清哪些是当初的大鱼小鱼、白鱼黑鱼了。因为，经过亿万年的变化，所有的鱼都变了模样，连当初的影子都找不到了。面对千姿百态、大大小小的鱼，上帝问："谁是当初的鲨鱼？"这时，一群威猛强壮、神气飞扬的鱼游上前来，它们就是海中的霸王——鲨鱼。上帝十分惊讶，心想，这怎么可能呢？当初，只有鲨鱼没有鱼鳔，它要比别的鱼多承担多少压力和风险啊，可现在看来，鲨鱼无疑是鱼类中的佼佼者。这到底是怎么回事呢？

鲨鱼说："我们没有鱼鳔，就无时无刻不面对压力。因为没有鱼鳔，我们就一刻也不能停止游动，否则我们就会沉入海底，死无葬身之地。所以，亿万年来，我们从未停止过游动，没有停止过抗争，这就是我们的生存方式。"

鲨鱼为了生存，不断游动，使自己变得更强。如果它们无法适应环境，战胜自己，恐怕就会被自然法则淘汰。

一个人要想成为生活的强者，就必须适应这个不断变化的大环境，只有这样，事业的发展才能如鱼得水。战胜自己，首先要改变自己，使得自己顺应生存环境，这是强者的生存法则。生活中的许多事情，就像大山一样，是我们无法改变的，或者是暂时无法改变的，只有适当地改变一下自己，才能达到预期的目标，只有改变自

己,才能改变属于自己的天地。成功的路是自己走出来的,而不是由他人安排的。坚定心中的目标,不断地战胜自己,才能让自己变得更加强大,才能一步一步朝着成功迈进。

第一章 为将来的自己赢得一片天地

拒绝盲目,找准位置

屈原说:"路漫漫其修远兮,吾将上下而求索。"只要人类还存在,人们对自己的探索就不会停止。人之所以有探索欲望,是因为人们希望自己能更好地把握世界。人们在自然和社会中寻求发展的同时,不断反求诸己、反躬自问,探索着行为与人性、性格的关系,以求更好地把握自己的人生。

有一个法国人,42岁了仍一事无成,他也认为自己简直倒霉透了:离婚、破产、失业……他不知道自己的生存价值和人生意义。他对自己非常不满,性情变得古怪、易怒,同时又十分脆弱。有一天,一个吉普赛人在巴黎街头算命,他随意一试。

吉普赛人看过他的手相之后,说:"你是一个伟人,你很了不起!"

"什么?"他大吃一惊,"我是个伟人?你不是在开玩笑吧?"

吉普赛人平静地说:"您知道您是谁吗?"

"我是谁?"他暗想,"我是个倒霉鬼,是个穷光蛋,是个被生活抛弃的人！"但他仍然故作镇静地问："我是谁呢？"

"您是伟人，"吉普赛人说，"您知道吗，您是拿破仑转世！您身体里流的血、您的勇气和智慧，都是拿破仑的啊！先生，难道您真的没有发觉，您的面貌也很像拿破仑吗？"

"不会吧……"他迟疑地说，"我离婚了，我破产了，我失业了，我几乎无家可归。"

"哎，那是您的过去，"吉普赛人说，"您的未来可不得了！如果先生您不相信，就不用给钱好了。不过，5年后，您将是法国最成功的人，因为您就是拿破仑的化身。"

他表面装作极不相信地离开了，但心里却有了一种从未有过的伟大感觉。他对拿破仑产生了浓厚的兴趣。回家后，他就想方设法地找与拿破仑有关的书籍来阅读。渐渐地，他发现周围的环境开始改变了，朋友、家人、同事、老板，对他都换了另一种眼光、另一种表情，事情也开始顺利起来。

后来他才领悟到，其实一切都没有变，是他自己变了：他的胆识、魄力以及思维模式都在模仿拿破仑，就连走路说话都像。

13年以后，也就是在他55岁的时候，他成了亿万富翁，法国赫赫有名的一位成功人士。

这个故事说明，无论遭遇怎样的困境，只要能调整自己，积极行动，就能获得成功，取得辉煌的成绩。

乔安娜是美国广告界的巨擘，但是她曾经的志向却是作家。她自小就喜欢文学，并阅读了大量的文学著作。高中毕业后，她报考了文学系。大学毕业后，她没有像其他同学那样去寻找工作，而是

第一章　为将来的自己赢得一片天地

开始埋头于文学创作,希望能成为一名出色的作家。

一年之后,她写了两部长篇小说,但均未被采用。人生之路多坎坷,乔安娜并未灰心,她查找原因,发现自己的视野太狭窄,于是便借了一大笔钱,到各地去旅游,增长见闻。在每次的旅游之后,她都会写下大量的散文和札记,但事与愿违,这些文章被采用的几率仍然不高。

从自然界回到生活中的乔安娜面临的第一个问题就是谋生,她开始找工作。由于她的文字功底不错,她很快找到一份记者工作。但她对文学创作仍念念不忘,工作只是她的一个谋生的工具。因此,在工作的时候,她总是三心二意、敷衍了事,老板注意到她的这种工作态度后,立马就把她解雇了。同时,她的坏情绪也使作品质量每况愈下。

这时,乔安娜意识到了问题的严重性,于是开始静下心来分析当作家所需要的各种要素,对比自身素质与目标之间的差距。她认清要成为作家除了努力以外,还要有机会、阅历、思想等许多条件。乔安娜决定放弃当作家的念头,而开始从事广告文案创作。由于她的文笔很好,思路开阔,很快就在广告界崭露头角,最后成为有名的广告策划人。

文笔好的乔安娜把自己的人生定位在当一名作家,这并没有什么不妥,但是,现实有时候就是很残酷,她的定位并不能很好地发挥她的长处,反而会阻碍她的发展。处于这种情况下,改变自己最初的定位无疑是明智之举。事实也证明,她的新定位是正确的。

现代社会的竞争越来越激烈,我们每个人面临的工作选择可能

随时都要发生转变,这时候,选择最适合自己的人生定位就显得格外重要。"最适合"不一定是最有经济价值的,不一定是别人眼中最伟大的,而是你自己最有可能实现的那一个,也就是最适合你的那一个,因为只有适合你,你成功的可能性才会更大。

第一章　为将来的自己赢得一片天地

扬长避短，完善自己

为什么很多人做事，从一开始就注定要失败呢？不是因为他们的能力不够，也不是因为没有好的机遇，而是因为他们没有扬长避短，没能充分地发挥自己的优势。每个人都有自己的强项，也都有自己的弱项。人的精力是有限的，不可能样样都精通。灵活的人善于发挥自己的长处，并把它坚持下来。只有扬长避短，才能冲出重围，最终走向辉煌。

许多人喜欢看 NBA 的新奥尔良黄蜂队打球，特别喜欢看 1 号博格斯上场打球。

博格斯身高只有 1.6 米，在东方人里也算矮的，更不用说在即使身高两米都嫌矮的 NBA 了。

据说博格斯不仅是现在 NBA 里最矮的球员，也是 NBA 有史以来破纪录的最矮身高。但他可不简单，他是 NBA 表现最杰出、失误最少的后卫之一，不仅控球一流，远投精准，甚至在高个队员中带球上篮也毫无所惧。

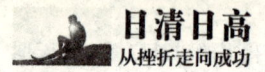

每次看博格斯像一只小黄蜂一样,满场飞奔,人们心里总忍不住赞叹:他不只安慰了天下身材矮小而酷爱篮球者的心灵,也鼓舞了平凡人内在的意志。

博格斯是不是天生的好球手呢?当然不是,而是意志与苦练的结果。

博格斯从小就比同龄男生矮小,但他非常热爱篮球,几乎天天都和同伴在篮球场上打球。当时他就梦想有一天可以加入NBA,因为NBA的球员不仅待遇奇高,而且风光无限,是所有爱打篮球的美国少年最向往的。

博格斯常常告诉他的同伴:"我长大后要去打NBA。"

所有听到他的话的人都忍不住哈哈大笑,甚至有人笑倒在地上,因为他们认定,一个身高1.6米的人是绝不可能打NBA的。

他们的嘲笑并没有阻断博格斯的志向,他用比一般高个子多几倍的时间练球,终于成为全能的篮球运动员,也成为最佳的控球后卫。他充分利用自己矮小的"优势"——行动灵活迅速,像一颗子弹一样;运球的重心低,不会失误;个子小不引人注意,抄球常常得手。

对于自己能够进入NBA打球,博格斯曾这样解释说:"当时我没有多少信心能够进入NBA,但我的亲人们却都说我能行。说实话,我相信自己的实力,NBA并不是只有2米以上的人才能进入,因为我能投篮、助攻、抢断,当发动快攻时,一些大个子不如我跑得快。"

有的人一辈子干着自己不擅长的事情或是不愿干的事情,在

第一章　为将来的自己赢得一片天地

自己的短板方面苦苦挣扎，长时间在黑暗中摸索，这样即使他们非常努力也很难获得成功。尽早地发现自己的强项，并努力经营自己的强项，使自己的强项发挥到极致，这才是真正的通向成功之路的捷径。

泰格·伍兹在小的时候，就表现出了极高的高尔夫球天赋。1999年年末，他坐上了高尔夫球界的头把交椅。当高尔夫球王者尼克劳斯在2005年泪别英国公开赛宣布退役之后，泰格·伍兹便成了当今世界高尔夫球界无可争辩的王者。

多年来，泰格·伍兹在高尔夫球场上叱咤风云，集世界体坛首富、高尔夫球世界头号球星于一身，但是他在沙地上的球技并不好。他拒绝了"什么弱就补什么"的观念，没有花大力气提高其在沙地上打球的技能，而是在他的教练的训练下，采取了全然相反的策略——在练习时，他们只花一些时间在这一弱项上，好让他在沙地上的成绩提升到一般水准，不致拖太多后腿，而将其他所有的练习时间全都投入到泰格·伍兹的强项上，让他的优势更加突出。

当初如果泰格·伍兹只知道弥补自己的短处，而不是将个人优势最大化，或许不会有今日的这一番成就。他做的只是经营自己的强项，当他的强项变得更强时，他也就变得越来越成功。

我们在确立自己的目标时，应当结合自身的实际情况，以自己最有优势、最可能获得成功的方向为目标，让付出最具成效。否则，一旦选择错误，即使付出再多的精力，也难以达到目标。

坚持自己的主见

生活中经常可以见到一些人放弃了自己的意愿，按照别人的标准改变自己，他们已经否定了自我存在的价值。一味地在意别人的态度，不仅会让自己失去原有的工作和生活准则，还会让自己陷入无尽的痛苦和烦恼之中。我们生活得快乐，又何必在乎别人的眼光呢？做人应该要有自己的主见，不要随波逐流，更不要活在别人的模式之中，只有这样才能成为一个拥有自主人格的人。

有这样一个故事：

在炎热的夏季，爷爷带着孙子，要去赶集。爷爷骑着驴，而孙子则在前面牵着驴。

在路上，路人甲看到他们，说了一句："这个小孩真可怜，在前面牵着驴走路。当爷爷的怎么还能心安理得地骑在驴背上呢？"

爷爷听了这句话，觉得非常在理，于是就从驴背上下来让孙子骑上去。两个人又走了一段路，路人乙看到他们，说："这个小家伙真不孝顺啊，自己悠哉地骑在驴上，却让他的爷爷走路。"孙子觉得

第一章 为将来的自己赢得一片天地

他说的很有道理,于是就让爷爷也坐在了驴背上。

又走了一会儿,路人丙说:"你们谁见过这样的事?两个人同时坐在驴背上,可怜的驴子会被压坏的。"爷爷和孙子听了他的话,只好从驴背上下来步行。

路人丁见到他们,说:"我才不会像你们那么蠢赶着驴走。为什么你们不骑着驴呢?"

此时,爷爷对孙子说道:"不管我们怎么做,总有人不称心,我想我们自己应该知道什么是对的。"

在日常生活中,许多人总是被周围的环境约束着,无论做什么事,总是怕别人说自己不好,因此总是被别人的话左右,迷失了自己。其实,我们要管住自己的耳朵,做自己想做的事情,要有自己的主观想法,不要常常由于他人的看法而改变自己的决定,更不要因为别人的评价而改变自我。

我们对"走自己的路,让别人说去吧"这句话耳熟能详,不要理会别人怎么说。因为即使对同一件事,也是见仁见智,不管你怎么做,总会有人反对、有人支持。持有主见,你才能活得轻松、自在,何必在意他人的想法呢?照他人期望的模式生活,牺牲真正的自我,是天底下最愚蠢的选择。

培根,文艺复兴时期英国思想家、作家、哲学家,早年热衷于政治。1593年当选下议院议员,1607年任副检察长,1613年任首席检察官,1617年任掌玺大臣,1618年任大法官。1621年被指控受贿,脱离政坛,开始著书立说。主要作品有:《新工具》《论说文集》《亨利七世本纪》等。

1561年1月22日，培根生于伦敦一个新贵族家庭。培根的父亲是个大法官，并且还担任过英国女王的掌玺大臣。培根的母亲出身名门，受过良好的教育。

培根从小就很聪明，有一次，英国女王看见他，和他开玩笑说："小掌玺大臣，你能告诉我你几岁了吗？"小培根彬彬有礼地说："我比陛下的幸福朝代还小两岁呢。"女王听后非常高兴。

培根很小的时候，母亲就开始教他认字。6岁的时候，培根就能独立阅读。小培根很喜欢读书，他总爱到家里的书房中找书看。他看起书来特别认真，经常在书房里一呆就是半天，小伙伴们都喊他"小书迷"。12岁的时候，培根被父亲送进了剑桥大学三一学院学习神学。但培根一点也不喜欢这门死板的学科，经常逃课到图书馆看书。有时读书太过投入，竟一整天不去上课。在剑桥三年，他阅读了大量的书籍。他的阅读范围非常广泛，涉及法律、历史、政治、文学、自然科学各个领域。渐渐地，培根成了一个知识渊博、有自己独特见解的人。

培根总是不上课，引起了老师们的不满。一次，一个和他父亲很熟的老师将培根逃课的事告诉了他的父亲。父亲将培根狠狠地训了一顿，并说要定期检查他的学习情况。

然而，培根实在听不进神学课，他便去找父亲"谈判"。

"爸爸，我不想学神学了。"

"为什么？"父亲有些生气。

"那些关于上帝的哲学，根本就是在束缚人们的思想，使人们不能很好地认识自然和社会。"

"那你想干什么？"父亲大声吼道。

"我可以去学法律、文学或自然科学。"

这时在一旁的妈妈为培根解了围："孩子说的也有道理。如果他对神学不感兴趣，那倒可以让他去学法律。法学现在也是一门很有发展的学科。"

在母亲的劝说下，父亲最终同意了。这之后，培根进了当时伦敦很有名气的葛莱律师学会学习法律。培根对法律十分感兴趣，经常虚心向有经验的律师请教问题。在葛莱律师学会的一年中，培根逐步认识到了法律对于一个国家的重要性。他暗暗下决心，以后要参与国家政治，不断健全法律，推动社会进步。

小时候的培根不想学习神学，就把自己的想法告诉了父亲，在母亲的帮助下说服了父亲，他开始学习自己喜欢的知识，最终成为英国历史上令人敬仰的思想家、哲学家。世界会给那些有目标、有远见的人机会，做事情要有主见，跟随自己的想法去做，不要轻易受他人左右。

摆脱依赖，学会自立

生活要我们自立，社会要我们自立，命运要我们自立，唯有自立才能够成为真正的强者。不管任何时候，我们都要把命运抓在自己手里。自助者，天助之。遇到问题和困难，不要抱怨，也不要依赖别人，自己要学会积极地动脑筋想办法，如果能够这样做的话，那么一切的问题将不再是问题。

英国伟大的剧作家莎士比亚出身于英国一个富商家庭，但是，他从小并不留恋这种"饭来张口，衣来伸手"的贵族少爷的生活，他一直都认为"家庭不是永远的港湾，自立才是立身之道"，而他要走的就是自立自强的道路。

13岁的时候，他便自做主张离开了学校，帮父亲打点生意。三年之后，刚满16岁的他，又选择离开家庭，独自一个人到外面去谋生。一番长途跋涉后，他终于来到了伦敦。那时候，他手上一分钱都没有，从小就喜欢喜剧、想要成为一名剧作家的他，开始到剧场里找事情做。剧场的老板让他做的仅仅是一个给观众看马的马夫，但为了更接近喜剧,莎士比亚毫不犹豫地接受了这份差事,并且做得十分出色。渐渐地,剧场老板发现莎士比亚不但干起活来十分卖力,而且他的头脑十分灵活,口齿还很伶俐,于是就开始让他跑跑龙套或者提提台词。随着近一步地加深了解,剧场老板又发现他对舞台动作和台词方面出的主意都很有见解,就开始尝试让他去参与剧本的创作。无论剧场老板交代给他什么任务,他都很用心地去做,在这样一个过程中,他汲取了不少知识,充分提高了自己的创作能力和水平。

除了这些,莎士比亚还有过很多其他的经历,比如在屠宰场当过学徒、帮人家做过书童、做过乡村教师、当过兵、做过律师……为了谋生,他渡过英吉利海峡,到过荷兰、意大利。这些经历,都是我们平常人无法去想象的。在独立谋生的闯荡之中,他的人生经历逐渐变得丰富多彩起来,能力也得到很好的提高,这一切,都给他未来的创作生涯打下了无比坚实的基础。后来,莎士比亚写出了很多让人熟悉的名作,例如《罗密欧与朱丽叶》《威尼斯商人》《哈姆雷特》等,总共37部剧本、几十首长诗和155首十四行诗,给后世留下了不可多得的文化遗产。

自立是生存的开始,是成功的保证。人生的道路上,依赖别人可能会使你在某一时间、某一段旅程得到满足,但要想真正地生存下去,自身能力才是最可靠的保障。在这个竞争激烈的社会中,要想拥有自己的一席之地,就一定要摆脱依赖,学会自立。自立不仅是一种生存方式,也是一种价值取向。

有一个一岁多的小男孩,和年轻的妈妈来到了公园的广场前,要上十几个台阶。小男孩挣脱开妈妈的手,他要自己爬上去。他四肢并用向上爬,爬了两个台阶,觉得台阶很高,便回头向妈妈求助。妈妈没有伸手去扶他,但眼睛里充满了慈爱和鼓励。小男孩见状只得继续小心地向上爬。他爬得很吃力,衣服上弄得都是土,小手也脏乎乎的,不过他最终爬完了台阶。此时,年轻的妈妈上前拍拍儿子身上的土,在那通红的小脸蛋上亲了一口。这个小男孩,就是后来成为美国第16届总统的林肯。

俗话说得好,"总在窝里的鹰永远也不会飞",因此每一个人都应该学会自立自强,要承受人生经历中的风风雨雨,扛起生活的重担。这样才能够从自身力量中汲取动力,唤起自己奋发向上的激情,并为之勇敢地战斗。不管人生的路上遇到什么艰难险阻,掌握自己的命运,不要指望任何人,只有自立才能够拯救自己。

第一章　为将来的自己赢得一片天地

适合自己的才是最好的

每个人的生活都有其精彩之处，而我们完全没有必要去盲目地羡慕、追随别人。只要做好自己，努力做好每一件事就可以了。盲目地追随别人的脚步只会让自己过得很累。再者，做人最可贵的是对事物要有自己的看法和判断，而不是盲目从众，以致在别人的观点里迷失了自己。记住，只有适合自己的，才是最好的。

战国时候，燕国有个青年，他听说赵国都城邯郸的人特别有风度，他们走起路来，不紧不慢，又潇洒又优雅，那姿势特别好看。于是这位燕国青年决定要去赵国学邯郸人走路的姿势。他不顾家人的反对，带上盘缠，跋涉千里，专程赶到邯郸，一心要学邯郸人走路的样子。

他来到大街上，看着来来往往的人群，不知该怎样迈开步子。这时，迎面走来一个人，年龄和这位燕国青年相仿，那走路的样子实在令人羡慕。于是等那人走过，燕国青年便跟在他后面模仿，那人迈左脚，燕国青年也迈左脚，那人迈右脚，燕国青年也迈右脚，

稍一不留心,他就搞乱了左右,搞得他十分紧张,哪还顾得了什么姿势。眼看那人越走越远,燕国青年渐渐跟不上了,他只好又回到原地。

接着他又盯住了一个年纪稍大的人,他又跟在这人的身后亦步亦趋地学走路,引得街上的人都停下脚步观看,有的人还捂着嘴笑。几天下来,他累得腰酸腿疼,但学来学去总是学不像。

燕国青年心想,学不好的原因肯定是自己原来走惯了的老姿势和步法。于是,他下决心丢掉自己原来的习惯走法,从头开始学习走路,一定要把邯郸人的步法学到手。

可是,一连过了好几个月,燕国青年越学越差劲,不仅邯郸人的走法没学会,还把自己原来是怎么走路的也全忘了。眼看带来的盘缠已经花光,自己一无所获,他十分沮丧,于是只好回家。但是因为他忘了自己原来是怎样走路的,迈不开步子了,无奈下燕国青年只好在地上爬着回去,那样子好不狼狈。

看起来,适合别人的不一定适合自己,如果一味地模仿别人而隐藏甚至丢弃自己的特色,最终的结果只能和这位燕国青年一样,不但没有学会邯郸人优雅的走路姿势,而且连自己如何走路也忘了,真是得不偿失。

春秋时代,越国有一位美女名叫西施。她不仅有沉鱼落雁之容,闭月羞花之貌,而且就是平时所做的任何一个动作,都是非常美的。因此常有一些姑娘模仿她的衣着装束,也常有一些人有意无意地模仿她的行为举止。

西施患有心口疼的毛病。有一天,她的病又犯了,只见她皱着眉头，用一只手捂着胸口，走在路上非常难受，但旁人看来今天的西施却又别有一番风姿。

西施的邻村有个丑姑娘叫东施，她动作粗俗、说话大声大气，却一天到晚做着当美女的梦。今天穿这样的衣服，明天梳那样的发式，却没有一个人说她漂亮。这一天，她看到西施捂着胸口、皱着双眉的样子竟博得这么多人的青睐。因此回去以后，她也学着西施的样子，手捂胸口，紧皱眉头，弯腰弓背的。谁知，这样的动作让她看起来更难看了，可用扭捏作态一词形容。结果，富人看见东施的怪模样，马上把门紧紧关上；穷人看见东施走过来，马上拉着妻子和孩子远远地躲开。人们见了这个怪模怪样模仿西施心口疼在村里走来走去的东施，简直像见了瘟神一般。

东施只知道西施皱眉的样子很美，却不知道她为什么很美，只是去简单模仿她的样子，结果反被人讥笑。生活中，人人都难免有从众心理，常常会为了顾及面子而依附于他人的思想和认知，从而失去独立的判断。这真是一种莫大的悲哀，作为一个人，我们要有自己的主见，不可盲目地追随别人。

其实，每个人都有一个最适合自己的位置，只有找准了才能实现自己的价值。当一个位置不适合自己时，为什么不换个角色再试试？用平衡心态去寻找人生的另一个突破口，寻找属于我们自己的天空。适合自己的才是最好的。适合的标准，不在形式而在于是否让自己感觉充实快乐而有意义。

有一个非常勤奋的青年，很想在各个方面都比身边的人强。经过多年的努力，仍然没有长进，他很苦恼，就向智者请教。

智者叫来正在砍柴的3个弟子，嘱咐说："你们带这个施主到五里山，打一担自己认为最满意的柴火。"年轻人和3个弟子沿着门前湍急的江水，直奔五里山。

等到他们返回时，智者正在原地迎接他们——年轻人满头大汗、气喘吁吁地扛着两捆柴，蹒跚而来；两个弟子一前一后，前面的弟子用扁担左右各担4捆柴，后面的弟子轻松地跟着。正在这时，从江面驶来一个木筏，载着小弟子和8捆柴火，停在智者的面前。

年轻人和两个先到的弟子，你看看我，我看看你，沉默不语；唯独划木筏的小徒弟，与智者坦然相对。智者见状，问："怎么啦，你们对自己的表现不满意？""大师，让我们再砍一次吧！"那个年轻人请求说，"我一开始就砍了6捆，扛到半路，就扛不动了，扔了两捆；又走了一会儿，还是压得喘不过气，又扔掉两捆；最后，我就把这两捆扛回来了。可是，大师，我已经很努力了。"

"我们和他不同。"那个大弟子说，"刚开始，我俩各砍两捆，将4捆柴一前一后挂在扁担上，跟着这个施主走。我和师弟轮换担柴，不但不觉得累，反倒觉得轻松了很多。最后，又把施主丢弃的柴挑了回来。"

划木筏的小弟子接过话，说："我个子矮，力气小，别说两捆，就是一捆，这么远的路也挑不回来，所以，我选择走水路……"

智者用赞赏的目光看着弟子们，微微领首，然后走到年轻人面前，拍着他的肩膀，语重心长地说："一个人要走自己的路，本身没有错，关键是怎样走；走自己的路，让别人说，也没有错，关键是走的路是否正确。年轻人，你要永远记住：适合自己的路才是最好的路。人生也一样，找到适合自己的方向与位置，它比努力更重要。"

这个世界上没有绝对只有相对，当我们有什么样的选择，也就得到什么样的结果。正如我们经常对幼儿说的一句话：还没有学会走你就想跑，那岂不是有些不现实。

生活与人生，无论是谁，对其的定义都是精彩与美丽。这种精彩与美丽，不是从一个起点到达一个什么样的终点，而是从起点到达终点过程之中，你是否选择了一种适合自己的方式。适合自己的才是最好的。

第二章

那些坚持不懈的努力，才是通向成功的捷径

阻止你成功的障碍有很多，譬如：逆境、困难、挫折和不幸。这些都会使你面临着前进与后退、奋起与消沉的困惑，关键就在于你是否能控制这种情感，能否粉碎每一个障碍。失败在所难免，它会给人带来巨大的身心压力，但失败并不可怕，可怕的是败而自哀、谈败色变。只要把握住自己，坚信阳光总在风雨后，总有一天，你会走向成功。

拼搏使人生获得精彩

人生能有几回搏？前进的道路是不平坦的，到处都充满着艰难险阻。如果一味地去选择逃避，在困难面前止步，失去勇气，那么我们最终也无法领略到沿途的风光。所以，人往往要经过岁月的磨练才能真正的长大。自古以来，那些取得成功的人，无一不是经过冰山火海的几经淬炼的。人生在于拼搏，只有经历过风浪的人才能真正体会到其中的意义。拼搏的人如同开疆拓土的勇士，他们走过旷野，穿过泥泞，横渡沼泽，行经丛林，在有限的时间里活出了无限的精彩。

在爱尔兰，有位叫克里斯蒂·布朗的人，他出生后没多久就患上了严重的大脑瘫痪症。一直到5岁，他还不会说话，头部、身躯、四肢也都不能活动，父母带着他四处求医，可情况始终没有好转。最后连家人也对他失去了信心，认为他可能要这样过一辈子了。

有一天，躺在床上的克里斯蒂·布朗正在看着妹妹用粉笔画画玩。他忽然伸出了自己的左脚，把妹妹手里的粉笔夹了过来，在床

第二章　那些坚持不懈的努力，才是通向成功的捷径

沿上乱画起来。妹妹大声哭喊："给我粉笔！给我粉笔！"

母亲听到哭声赶紧走过来，发现克里斯蒂·布朗左脚夹着粉笔，兴奋地说道："他的左脚还能动！"

母亲认为他还可以学习更多，便开始教他写英文字母。没多久，克里斯蒂·布朗就学会了英文字母"A"。一个月后，他能用左脚把26个英文字母全都写下来了。

除了写字，克里斯蒂·布朗还开始看书，并对文学作品产生了浓厚的兴趣。渐渐长大之后，克里斯蒂·布朗又能说话了，他告诉母亲他想要一台打字机，因为用脚写字太不方便了。

母亲对克里斯蒂·布朗说："孩子，你怎么使用打字机呢？你没有手啊，能学会用脚趾打字吗？"

克里斯蒂·布朗回答说："妈妈，我有一只健全的脚，我要成为世界上第一个用脚趾打字的人！"

母亲听了非常感动，便省吃俭用，给儿子买来了一架旧打字机。有了打字机后克里斯蒂·布朗整天地练习，累了就用左脚趾夹住笔画画。

刚开始，脚趾掌握不好打字的力度，力度小了，打出来的字模糊不清；力度大了，就把纸打烂了。然而，他还是坚持练习，无论严寒还是酷暑，都没有停止过。最终，他不仅打出了清楚的字，还熟练地给打字机上纸、退纸，用左脚趾整理稿件。

克里斯蒂·布朗学会打字后，把自己想写一部小说的想法告诉了母亲。母亲知道儿子是个有决心、有毅力的人，但她还是劝慰儿子："孩子，你有雄心壮志，妈妈很高兴。但是，人生的道路是很曲

折的,不像你想的那么简单,万一失败了怎么办呢?我看你还是好好休养,读读小说、画画图画、玩玩打字机就行了,不要想得太多了。你现在年纪还小,等以后再说吧!"

"妈妈,人活着就应该有所追求。我是一个残疾人,丧失了生活中的许多乐趣,别人都看不起我,兄弟姐妹们也把我当成包袱。我要奋斗,我要让人们知道,我不是一个多余的人。"

克里斯蒂·布朗认真地回忆了自己的人生经历,决心要把自己的生命历程写成一部自传体小说。几个月后,他用左脚打出了他第一部小说第一章的初稿。

母亲看完他的小说之后,内心被深深地打动了,对他说:"孩子,一定要坚持下去,我相信你会成功!"

此后,克里斯蒂·布朗克服种种困难,耗费大量的心血,最终完成了自己的小说《我的左脚》。在小说的开头部分,他告诉人们:"我的左脚支撑起了我的整个生命,我的左脚在创造着自己不屈不挠的生活。"16年之后,他的又一部自传体小说《生不逢辰》也出版了,震动了国内外文坛,成为一部畅销书。

自古名人多磨难。名人之所以成功,大都经过种种磨难。他们面对磨难,不怨天尤人,不叹息沮丧;而是咬紧牙关,奋力抗争,用不屈不挠的精神战胜磨难,最终成为人生的胜利者。

生活是美丽的,在逆境中拼搏的人生更是美丽的。我们每个人在成长的路途中,都不可避免地要遭遇困难和险阻。只要放弃悲伤,自强不息,坚持不懈地努力奋斗,不向磨难低头,就会穿越黑暗、迈过荆棘,成就一番轰轰烈烈的大事业。

第二章 那些坚持不懈的努力，才是通向成功的捷径

1969年，鲍勃·威兰德应征从军远赴战场。不幸的是，他在战场上踩到了地雷，失去了双腿。面对这样的人生遭遇，鲍勃·威兰德没有灰心丧气，他选择了另外一种方式。鲍勃·威兰德对人说："我是不会求助于别人的。"在医院里，他拒绝护理人员给他更衣，也拒绝护理人员搀扶他上下楼梯。他告诉护理人员："我有双手，我什么都还能做。"开始时他有些吃力，但没多久就可以行动自如了。后来他又学会了自己驾驶汽车，还考取了体育教师资格证。

鲍勃·威兰德自强不息的精神感动了许许多多的美国人。他还做出了一个令人不可思议的举动，用手从洛杉矶走到华盛顿，两地距离5000千米。很多人都认为他根本不可能完成，因为这段距离内，既有崎岖的山路、荒无人烟的戈壁沙漠，还有人迹罕至的原始森林。他不顾家人的劝阻，依然下定决心上路了。这一举动引起了很多家长的关注，他们带着孩子在路上等待鲍勃·威兰德的到来，告诉孩子们说："这个人就是那个征服自己的人，就是那个从来都不知道什么是困难的人，就是那个从来不求助于别人的人。"

最后，鲍勃·威兰德耗费了整整3年零8个月又6天的时间，最终用双手，走完了5000千米路程，顺利到达华盛顿。

鲍勃·威兰德用自己的亲身经历，告诉我们：一个人必须经过一番拼搏，才会有所成就。是的，人应该有拼搏奋斗的精神，因为它可以化逆境为顺境；人应该有拼搏奋斗的精神，因为它可以让人生绽放光彩。

岁月悠悠，我们每个人都是匆匆过客，若不能搏击风浪、鹰击长空，人生便少了一分精彩。当我们回首岁月，会为这样的人生而

懊悔，会为自己的行为而自责。只有拼搏的人生才是精彩的，只有敢于拼搏的人才不会因为碌碌无为而悔恨。我们要在有限的光阴里，用拼搏书写一个无悔的人生。

燃起信念的"灯火"

在生命的旅途中,一定会遇到各种挫折和困境。此时坚定的信念,能助人渡过难关。爱马森说:"伟大、高贵人物最显著的特征,就是他坚忍的意志,不管环境如何恶劣,他的初衷与希望都不会有丝毫改变,并将最终克服阻力达到所期望的目的。"当我们被失败和挫折所困扰时,需要燃起信念的"灯火",心生勇气和力量,就能走出困境,走向成功。

一只航行中的船在大海上遇到了突如其来的风暴,不久就沉没了。船上的人员利用救生艇逃生,在大海中他们被海风吹来吹去。一位逃生者迷失了方向,救援人员也没能在搜寻中找到他。

天渐渐地黑下来,饥饿寒冷和恐惧一起袭上他的心头。然而,他除了这个救生艇之外一无所有,灾难使他丢掉了所有,甚至还即将夺去他的生命,他的心情灰暗到极点,他无助地望着天边。忽然,他似乎看到一片阑珊的灯光,他高兴得几乎叫了出来。

他奋力地划着小船,向那片灯光前进。然而,那片灯光似乎很

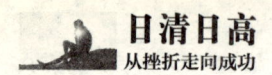

远,天亮了,他还没有到达那里。

他继续艰难地划着小船,他想那里既然能看到灯光,就一定有城市或者港口,生的希望在他心中燃烧着,死的恐惧在一点点地消失。白天时,灯光自然是没有了,只有在夜晚,那片灯光才在远处闪现,像是在对他招手。

一天过去了,食物和水已经快没有了,他只有尽量少吃。饥饿、干渴、疲惫更加严重地折磨着他,好多次他都觉得自己快要崩溃了,但一想到远处的那片灯光,他又陡然增添了许多力量。

第四天,他依然在向那片灯光划着,最后,他支持不住昏了过去,但他脑海中依然闪现着那片灯光。

当天晚上,他终于被一艘经过的船救了上来。当他醒过来时,大家才知道,他已经不吃不喝在海上漂泊了三天三夜。当有人问他,是怎么样坚持下来时,他指着远方的那片灯光说:"是那片灯光给我带来的希望。"

大家望去,其实,那只不过是天边闪烁的星星而已!

生活中,成功者与失败者的最大区别是:坚持自己的信念。信念的灯火可以照亮一个人的心灵,照亮一个人前进的道路,只要坚定地朝着目标迈进,相信前面就是一片属于自己的光明。

和张朝阳、李彦宏、史玉柱、丁磊、马化腾这些打小学习成绩就非常优异的当今互联网领袖级人物相比,马云真的不是一个好学生。他的成绩很差,尤其是数学。

1982年,18岁的马云第一次参加高考。他填报的是北京大学,但是他的数学,只考了1分。

第二章　那些坚持不懈的努力，才是通向成功的捷径

第一次高考落榜后，说实话，马云是很灰心丧气的，他认为自己根本不是考大学那块料，于是他开始四处打零工谋生计。他每天踩着一辆装满货物的笨重的三轮车，在崎岖不平的路上吃力地行驶。18岁的马云常常望着前方，茫然不知所措，难道自己这一辈子就只能当这样一个踩三轮的"骆驼祥子"？他不甘心，他当然不甘心！

有一次，马云踩着三轮去给一家文化单位运书，在金华火车站的候车室里，他捡到了一本书——作家路遥的中篇小说《人生》。《人生》里高加林的故事深深感染了他。他从此明白了一个道理：人生之路，不仅是漫长的，更是充满坎坷曲折的，若要有所成就，必将经历一番磨炼。在经过一番深入思考之后，他决定再战高考。他开始勤奋地学习。

1983年，19岁的马云第二次参加了高考。这一次，他满怀信心，但是老天偏偏喜欢跟他开玩笑，他再次惨败，数学只考了19分。成绩出来之后，父母都对他不再抱什么希望，认为这孩子注定不是考大学的料，劝他安安心心学点手艺，当个临时工，混口饭吃。但是马云却仍不甘心，他不甘心一辈子只当个临时工，他要考大学，他明白只有考大学才能改变他的命运。由于父母不再支持他考大学，所以他只有边打工边复习，他那时常常跑到浙江大学图书馆去学习。

在浙江大学，他认识了5个落榜生，他们经常聚在一起谈着他们的抱负和理想。他们对着天空肆无忌惮地振臂高呼：我们一定会考上大学，我们一定会出人头地！我们一定会考上大学，我们一定会出人头地！我们一定会考上大学，我们一定会出人头地！……相信他们每个人狂喊着这些誓言的时候，眼里一定含着泪水。

1984年,20岁的马云第三次参加高考。马云记得,高考前,一位姓余的数学老师对他说,马云,你的数学真是一塌糊涂,如果你能考及格,我的"余"字倒着写。

马云的表现让余老师大跌眼镜。考数学的时候,靠10个死记硬背的公式,他一个题一个题地去套,结果这一套,居然套出了79分(当时数学满分是120分,72分及格),这个分数在马云的数学考试史上,绝对是破天荒的头一次。马云非常幸运地考上了杭州师范学院,成为外语系的一名本科生。

马云之所以让当今的无数草根创业者崇拜,一个很大的原因,就是马云也曾跟我们一样,是一个普通得不能再普通的人,没有显赫的家庭背景,没有高大帅气的形象,没有优秀的学习成绩,没有聪明睿智的头脑。他靠的是不屈服于困境的精神,是一定要改变生存现状的决心,是一定要成功的坚定执着的信念。

正是由于坚定的信仰和不懈的追求成就了马云,成就了阿里巴巴。只有对成功具有坚定执着的信念,不屈服于困境,才能创造奇迹,改变生存的现状。

信念,是催动我们战胜阴霾的神奇力量,是我们成功的翅膀。困难就像坚冰,有战胜阴霾的信念的人可以用毅力与乐观融化它,没有信念的人,则会被它冻僵。所以,保持战胜阴霾的信念,乐观地面对一切,我们一定可以无往而不胜。

失败使人生变得完整

著名的文学家海明威的代表作《老人与海》中有这么一句话:"一个人可以被毁灭,但不能被击败。"不要因为命运的不公而俯首听命于它,任凭它的摆布。跌倒了,爬起来,就不会失败,坚持下去,才会成功。要想把握自己的命运,必须在磨难中坚强,于挫败后奋起。

"失败是成功之母"这句话大家早已耳熟能详。但真正能领会其中含义的人,却是少之又少。不是每个人都能如愿地走向成功,只有那些正确看待失败的人才能取得成功。

一位泰国企业家玩腻了股票,转而炒房地产,他把自己全部的积蓄和从银行贷到的大笔资金投了进去,在曼谷市郊盖了15幢配有高尔夫球场的豪华别墅。但时运不济,他的别墅刚刚盖好,亚洲金融风暴便开始肆虐,他的别墅卖不出去,贷款还不起,这位企业家只能眼睁睁地看着别墅被银行没收,连自己住的房子也被拿去抵押,还欠了一屁股的债。

这位企业家的情绪一时被突如其来的巨大压力压得低落到了极点，他怎么也没想到对做生意一向轻车熟路的自己会陷入这种悲惨的境地。

他决定重新白手起家。他的太太是做三明治的能手，于是建议丈夫去街上叫卖三明治，企业家经过一番思索后答应了。从此曼谷的街头就多了一个头戴小白帽、胸前挂着售货箱的小贩。

昔日亿万富翁沿街卖三明治的消息不胫而走，买三明治的人骤然增多，有的顾客出于好奇，有的出于同情。许多人吃了这位企业家卖的三明治后，被这种三明治的独特口味所吸引，于是经常光顾，回头客不断增多。现在这位泰国企业家的三明治生意越做越大，他慢慢地走出了人生的低谷。

他叫施利华，几年来，他以自己不屈的奋斗精神赢得了人们的尊重。在1998年泰国《民族报》评选的"泰国十大杰出企业家"中，他名列榜首。

作为一个创造过非凡业绩的企业家，施利华曾经备受瞩目，在他事业的鼎盛期，他认为自己尊贵得像城堡中难得一见的皇帝。然而，当他失意时，习惯了发号施令的施利华亲自推车叫卖三明治，无疑需要超常的勇气。然而，他顶住了压力，做到了，因此，他成功了。他的成功也印证了那句话：一个人可以被毁灭，但不能被击败。

人生难免起起伏伏，没有经历过失败的人生并不完整。没有狂风暴雨的震撼，哪里来的大树的挺拔身姿；没有砂粒的磨砺，哪里会有珍珠的华彩。正因为有失败、有挫折，人生才会精彩。是勇士，就要承受住压力，经受住考验；是英雄，就要顶得住失败，扛得起人生。

第二章　那些坚持不懈的努力，才是通向成功的捷径

勇气，人一生应具备的素质

生活中，很多人都过于夸大了面临的困难，认为这是阻挡自己成功的障碍。但事实上，很多时候并不是因为困难过大，而是我们心中胆怯，不敢正视困难。只要我们敢于正视困难，就会发现许多困难并非我们所想象的那样麻烦。成大事者也有怯懦的时候，但更多的时候，他们是坚强的，并把征服怯懦视为人生的一大习惯。

有一天，一位年轻人向两位著名的人士请教问题，他们一个是登山专家，另一个是阅历丰富的船长。年轻人首先问登山专家："在爬山时，如果遇上暴雨，该怎么办？"登山专家回答道："应该往山顶上走。"年轻人听了不解，继续问道："山顶上的风雨不是更大吗？"登山专家回答说："山上的风雨虽然大，但是不会危及到人身安全，而山下则极有可能发生泥石流，会危及到生命。因此，一旦爬山遇上暴雨，必须迎着风雨向上攀登，才能保证你的生命安全。"年轻人若有所思地点点头。

年轻人又请教船长，问道："船长先生，如果遇上一场大风暴，

您会怎么做？"船长回答说："我会以最高速度向风暴驶去。"年轻人听了不解，船长反问他："如果是你，你会怎么做？"年轻人不假思索地说："当然是掉头返航！"船长摇摇头，说："不行的，风暴迟早会追上来。"年轻人再次猜测："不然调转船头九十度避开风暴，怎么样？"船长微笑着解答道："如果这样的话，非但避不开风暴，还会使船受损面积最大，是相当危险的！"船长的一番话使得年轻人陷入沉思当中……

突然，年轻人开心地大叫起来："我终于明白了！面对困难，跑也没用，躲也没用，因为它迟早会来到你身边。唯一的方法就是——勇往直前！"船长见这个年轻人有所领悟，由衷地为他感到高兴。

人生，有时候需要的就是那么一点勇气，有了勇气做底，便什么都不会怕了，人生的路也越来越宽。正像洛克曾经说过："人生的磨难是很多的，所以我们不可对于每一件轻微的伤害都过于敏感。在生活磨难面前，精神上的坚强和无动于衷是我们抵抗罪恶和人生意外的最好武器。"成功者之所以成功，正是因为他们善于战胜自己的怯懦，有了一点勇往直前的勇气罢了。

一个人缺少了勇气，就像失去了脊柱，成为一个怯懦的胆小鬼，永远无法直挺地走在人生的路上，即使命运女神真的看到了他，也只会悄悄过去，而绝不会眷顾于他！勇气，是每个人一生必备的素质。

有个小孩子无意间在悬崖边的鹰巢里发现一枚老鹰蛋，他一时兴起，将这枚蛋带回父亲的农庄，放在母鸡的窝里，想看看能不能

第二章 那些坚持不懈的努力，才是通向成功的捷径

孵出小鹰。果然，那枚蛋孵出了一只小鹰。小鹰一直以为自己是只小鸡，跟着它同窝的小鸡一起长大，每天在农庄里追逐主人喂饲的谷粒。

有一天，母鸡焦急地咯咯大叫，召唤小鸡们赶紧躲回鸡舍内。慌乱之际，一只雄鹰俯冲而下，小鹰也和小鸡一样四处窜逃。

经过这件事后，小鹰每次看见远处天空盘旋的老鹰的身影，总是不禁喃喃自语："我若是能像老鹰那样，自由地翱翔在天上，那该有多好。"一旁的小鸡则提醒它："别傻了，你只不过是一只鸡，是不可能高飞的，别做那种白日梦了吧！"

小鹰想想也对，自己不过是只小鸡，也就回过头，去和其他小鸡追逐主人撒下的谷粒。可是有一次，它实在羡慕老鹰能翱翔天空，于是趁其他小鸡都在睡觉的时候偷偷地飞了一段路，可是因为没有把握好，没有飞出多远就一头撞在篱笆墙上。小鹰的惨叫声引来了其他小鸡的取笑。自此，小鹰再也不敢尝试去飞翔了。

直到有一天，一位训练师和他的朋友路过农庄，看见这只小鹰，便兴致勃勃地要教小鹰飞翔，而他的朋友则认为小鹰的翅膀已经退化无力，劝训练师打消这个念头。

训练师却不这么想，他将小鹰带到了农舍的屋顶上，认为由高处将小鹰掷下，它自然会展翅高飞。不料小鹰只轻拍了几下翅膀，因为害怕再次撞墙，便落到鸡群当中，和小鸡们四处找寻食物。

训练师仍不死心，再次带着小鹰爬上农庄内最高的树上，掷出小鹰。小鹰害怕了，本能地展开翅膀，飞了一段距离，看见地上的小鸡们正忙着追寻谷粒，便立刻飞了下来，加入鸡群中争食，再也

不肯飞了。

在朋友的嘲笑声中,训练师将小鹰带上高山的悬崖。小鹰看到,大树、农庄、溪流都在脚下,而且变得十分渺小。这次,训练师不是掷出小鹰,而是狠心地将小鹰往悬崖下扔去。求生的本能使得小鹰勇敢地展开了翅膀。小鹰最终实现了它的梦想,自由地翱翔于天际。

在我们的周围,有很多人都和故事中的小鹰一样,因为遇到一次挫折,就丧失了再次打拼的勇气,选择逃避,退缩在失败的角落中自怨自艾。毫无疑问,这种做法是于事无补的。要知道不管怎么抱怨、怎么逃避都是没有用的,我们只有勇敢地走出来,去面对挫折,像小鹰一样勇敢地展开翅膀,才能真正地飞翔在蓝天之上,而不是窝在母鸡的翅膀下面,等待着别人的怜悯和恩赐。

英国剧作家萧伯纳说:"对于害怕危险的人,这个世界总是危险的。"恺撒说:"懦夫在未死之前,已经身历多次死亡的恐怖和痛苦。"每个人都希望自己有一个表现的舞台,都渴望成功。但是,大多数人在困难面前胆怯了,少了前进的勇气,这就导致他们与成功无缘。

无论在什么时候,我们做什么事情,缺少了勇气都是不行的!勇气是每个人内在的巨大能量,是一种自信的表现。有了勇气作先锋,我们才会不惧困难,人生才会更加精彩!

第二章 那些坚持不懈的努力，才是通向成功的捷径

接受失败，反省自己

生活中有一些在同一个地方跌倒两次的人，之所以会这样，是因为他们养成了"好了伤疤忘了疼"的坏习惯。对于想要成就一番事业的人来说，一定要摒弃这种坏习惯。古人说"吃一堑，长一智"，说的就是这个道理。凡是成就大事者，都是擅长从失败中吸取教训的人。

玫琳凯·艾施是玫琳凯化妆品公司的创始人，她曾经讲过自己的奋斗史。

"我首次举办玫琳凯化妆品销售展时碰了一鼻子灰。我当时急于想证明可以让许多女孩子购买我们公司的护肤产品，我希望自己举办的销售展能一举打响公司品牌。但是那天晚上我总共只卖了一块五毛钱。离开销售展地点后，我开车拐过一个街角，趴在方向盘上哭了起来。'那些人究竟怎么了？'我问自己，'她们为什么不要这种奇妙的护肤品？一阵恐惧感掠过我的心头。我的第一个反应便是怀疑自己是否太冒险了，或许准备得还不够充分。我之所以忧心忡忡，

是因为我把毕生的积蓄全部投到这项新产品的研发中了。我对着镜子问自己:'玫琳,你究竟错在哪里?'这一问却使我恍然大悟,因为我竟然从来没想过请人订货。我忘了向外发订货单,却只是指望那些女人会自动来买东西!"

"是的,我失败过,而且几度差点崩溃。但是分析了前因后果之后,我从失败中吸取了教训。我数千次向玫琳凯公司的员工们讲述这段往事。我要他们知道,我首次举行化妆品销售展时的失败经验,但是我并没有因此而灰心丧志。那次的失败是我后来之所以能成功的原因,我确信生活就是一连串的尝试和失败,我们只是偶尔获得成功。重要的是要不断尝试,勇于冒险。"

生活中,遭遇失败在所难免,重要的是善于从失败中吸取教训,并能勇敢地从失败中站起来,继续奋勇前进,并最终成为社会中的佼佼者。

美国股票大王贺希哈说:"不要问我能赢多少,而是问我能输得起多少。"只有吸取了教训,调整自己的奋斗方向,才能一步步谨慎地走向成功。有的时候,人应该稍微放缓脚步,接受失败的教训,从中反省自己,因为这个教训要比经验还要宝贵。

IBM,即国际商业机器公司,号称蓝色巨人。IBM早期从事硬件制造,在产品的研发上投入很多,在产品服务方面,他们采取设备租赁的方式让顾客进行体验,这种方式受到了广大顾客的欢迎,IBM的业绩也相当辉煌。

但是由于IBM在人力资源管理方面实行的是终身雇用制度,这导致了企业的某些制度和管理十分僵化,难以适应市场的变化。这

第二章 那些坚持不懈的努力，才是通向成功的捷径

种组织结构必会影响 IBM 的发展。

20 世纪 80 年代后期至 20 世纪 90 年代初期，IBM 过于迷信大型主机，误判 PC 市场价值，错失个人电脑业务发展良机。另外，IBM 原来实行产品租赁式服务，后来改为产品销售，这使得原来的一部分老顾客十分不满。这些变化，IBM 都没有敏锐地察觉到，他们仍然固执地按照传统模式走，并用缺乏科学依据的方法推断 IBM 的营业额会持续上升。但是，事实并不像他们想象的那样，IBM 的营业额不是上升而是下降。

值得庆幸的是 IBM 在发现自己的失误后，及时调整了方向。1994 年，IBM 把员工人数从 44 万人裁减至 21 万人。这次裁员说明 IBM 过去有 23 万是冗员，裁员以后的 IBM 节省了大量的开支。另外，在经营战略上，IBM 不再局限于把硬件作为发展目标，转而把互联网作为未来发展的方向，这个计划比微软还要早一年。IBM 还把营运重点放在服务与软件上，致力于为企业提供整体解决方案。

IBM 的这一系列正确举措，得以在危机中重生，又重现了昔日的风采。

人生短暂，时间珍贵。在同一个地方跌倒两次无疑就是浪费时间，浪费生命，从而影响到未来的成就。想要成大事，就要善于从失败中吸取教训，再用适当的方式弥补自己的薄弱环节。如此一来，我们才不会在同一个地方跌倒两次。

永不言弃,越挫越勇

人生在世,没有谁可以随随便便成功。遭遇挫折或失败是很平常的事情。大多数人会被挫折吓倒,在挫折的打击下一蹶不振,失去继续挑战的勇气,只有一小部分人永不言弃,越挫越勇。

英国生物学家赫胥黎说:"经验不是一个人的遭遇,而是他如何面对自己的遭遇。"面对逆境和困难,就要有一种强者的心态。正所谓思路决定出路,生活始终都是由我们的思想造成的。选择积极进取、力求突破,还是消极退让、虎头蛇尾,对个人发展或战胜逆境都极为重要。

西尔维斯特·史泰龙从小家庭环境就很不好,有志气的他不甘一辈子平庸,所以下定决心要改变这一切,在确定了自己的演员之梦后,他开始行动起来,去找各大导演进行商谈,目的就是为了让他有机会拍一部属于自己的电影。

当时,好莱坞共有500家电影公司,他逐一数过,并且不止一遍。后来,他又根据自己认真划定的路线,排列好名单顺序,带着

第二章 那些坚持不懈的努力，才是通向成功的捷径

自己写好的量身定做的剧本前去拜访。但第一遍下来，所有的500家电影公司没有一家愿意聘用他。

面对百分之百的拒绝，这位年轻人没有灰心。从最后一家被拒绝的电影公司出来之后，他又从第一家开始，继续他的第二轮拜访与自我推荐。随着时间的推移，人们已经淡忘了他。在第二轮的拜访中，拒绝他的仍是500家。

第三轮的拜访下来的结果，还是如此糟糕。在经历这1500次全部遭到拒绝的教训之后，西尔维斯特·史泰龙开始进入了一番冷静的思考，之后，他根据自己的生活体验重新撰写了剧本，然后咬牙开始他的第四轮拜访。

"你怎么又来了？"当导演们看到他时，发出如此惊叹。

"这次不一样，我带来了一个新剧本，你看看吧。"有的导演接了过去，随手翻了翻，又立即还给了他；还有的导演不仅不看，还连人带本都给轰了出去。

就这样，他一直努力着，直到1600次的时候，幸运降临了，终于有导演愿意出钱买他的剧本。那时，他身上只剩40美元现金了，非常需要钱。可当听到电影公司不同意他做主演时，他勇敢地拒绝了对方。

直到1886次的时候，一家电影公司的老板留下了剧本。几天后，西尔维斯特·史泰龙获得通知，被请去详细商谈。就在这次商谈中，这家公司决定投资开拍这部电影，并请他担任自己所写剧本中的男主角。这部电影名叫《洛奇》。现在翻开电影史，这部叫《洛奇》的电影与这个日后红遍全世界的动作片巨星都榜上有名。

你有勇气迎接1885次拒绝吗?你经历过1885次拒绝吗?如果没有,就不要说好运为何不在自己身上降临?拥有一颗越挫越勇、不断向前的心,你的梦想才可能是金子。不然,便永远是空中楼阁。

挫折面前很多平庸之辈都低下了自己的头,只有少数不甘心失败者,才能忍受常人不能忍受的挫折,勇于拼搏创造新一轮的辉煌。

人们经常在做了90%的工作后,放弃了最后让人成功的10%。这不但输掉了开始的投资,更丧失了经由最后的努力而发现宝藏的喜悦,而唯有行动才可以改变这个情况。

失败的打击,可能会令我们绝望,给我们的心灵留下重创,甚至让我们觉得仿佛就是世界末日的来临。但当我们能够接受这个现实并重新开始时,我们也许就有了新的机会,就能离成功更近一步。

在19岁时,摩洛跟随家人一起来到纽约定居。不久之后,他在一家广告公司找到了一份一周14美元的差事。因为非常喜欢需要创意的设计工作,他总是做得十分用心,而且做得有声有色。

20岁时,摩洛放弃在广告公司内颇有发展的工作与旁人梦寐以求的职位而决心自己创业。这便是他人生中的第一次拼搏。他完全投身于未知的世界,从事创意的开发。结果,成绩令人满意。

他的创意主要是说服各大百货公司,通过CBS电视公司成为"纽约交响乐"节目的共同赞助人。在当时,这种性质的工作对人们来说相当陌生,所以做起来困难重重,几乎所有人都认为他不可能成功。

第二章　那些坚持不懈的努力，才是通向成功的捷径

摩洛十分卖力地在各地进行说服工作，结果他做得相当成功。一方面，他的创意大受欢迎，与许多家百货公司签约成功；另一方面，他向CBS电台提出的策划方案也顺利被接受。计划眼看着就要步入最后的成功阶段，但由于合约内某些细节未能达成而终告流产，他的梦想也随之破灭。

"塞翁失马，焉知非福。"此事结束之后，一家公司马上聘请他为纽约办事处新设销售业务部门的负责人，并支付给他三倍于以往的薪水。于是，摩洛又再度活跃，他的潜力得以继续发挥。

此时他年方20。几年之后，摩洛再度回到广告业界工作，但这次不是从基层做起，而是直跃龙门——他担任了承包华纳影片公司业务的汤普生智囊公司的副总经理。

那个时代，电视尚未普及，与今日相比，仍处于摇篮期。但摩洛看好它的远景，认为电视必将快速发展、大有可为，因此他便专心致力于这种传播媒体的推广。由他的公司所提供的多样化综艺节目，为CBS公司带来了空前的成功。

这便是摩洛人生中的第二次拼搏，但这次冒险并不完全是孤注一掷，他是看准后才投下自己的"赌注"的。最初两年，他仅是纯义务性地在"街上干杯"的节目中帮忙，没想到竟使该节目大受欢迎，一时间成为最受欢迎的综艺节目之一。除了节目成功之外，他还被CBS公司任命为所有喜剧、戏剧、综艺节目的制作主任。

摩洛在巨大的失败后，并没有一蹶不振，反而是找到另一个起点继续努力奋斗。成功者就需要这种在挫折面前越挫越勇的气魄。

常言道"无限风光在险峰"，所以我们不妨选择"艰难困苦之

路",去迎接困难和挑战。当我们在这条陌生的路上摸索时,可能会感到不安和动摇,但不论怎样,都必须坚定信念,鼓励自己勇敢地坚持下去。只要我们走完了这段路,就会发现原来人生可以这样美好。

第二章　那些坚持不懈的努力，才是通向成功的捷径

风雨过后，才能见彩虹

在现代生活中，每个人都可能遭遇失败。面对失败，有的人常常会感到痛苦、自卑、怨恨，失去继续前进的希望和信心，甚至整天唉声叹气。然而，再多的唉声叹气也无法改变现状，我们唯有在失败中振作起来，用实际行动证明自己，那么才能获得重生。要坚信，人生只有经历过风雨，阳光才会更加灿烂。

在一场火灾中，一个小男孩儿被烧成重伤。医院全力以赴挽救了他的生命，但他的下半身却毫无行动能力，没有任何知觉。医生悄悄地告诉他的妈妈，孩子以后只能靠轮椅度日了。

出院以后，妈妈每天都推着他在院子里转一转。

有一天，天气十分晴朗，妈妈推着他到院子里呼吸新鲜空气，后来妈妈有事暂时离开了。天空是如此地美丽，蓝得好似水洗过一般。风儿轻柔地吹着，草地上盛开着各色的小花。小男孩儿的心如同从沉睡中醒来，一股强烈的冲动自他的心底涌起：我一定要站起来！他奋力推开轮椅，然后拖着无力的双腿，用双肘在草地上匍匐

前进。一步一步,他终于爬到了篱笆墙边;接着,他用尽全身力气,努力抓住篱笆墙站了起来,并且试着扶住篱笆墙行走。不一会儿,汗水便从额头淌下。他停下来喘口气,咬紧牙关,又扶住篱笆墙拖着双腿练习走路,一直走到篱笆墙的尽头。

每一天,他都要抓紧篱笆墙练习走路。可一天天过去了,他的双腿始终无力地垂着,没有任何知觉。他不甘心困于轮椅的生活,紧握拳头告诉自己,未来的日子里,一定要靠自己的双腿来行走。终于,在一个清晨,当他再次拖着无力的双腿双手紧握着篱笆墙行走时,一阵钻心的疼痛从下身传了过来。那一刻,他惊呆了——自从烧伤之后,他的下半身再也没有任何知觉。他怀疑是自己的错觉,又试着走了几步。没错,那种钻心的疼痛又一次清晰地传了过来。他的心狂喜地跳动着。在他不懈的努力下,他的下肢开始恢复知觉了。

自此以后,他的身体恢复得很快。最后终于能够独立行走,并且可以跑步了。他的生活与一般的男孩子再无两样。他读大学的时候,还被选进了田径队。当他健步如飞时,没有人知道他曾经是一个被医生宣告要终身与轮椅为伴的孩子。

小男孩没有被生活的困难所击倒,一直不认输,创造了属于自己的奇迹。这个故事告诉我们:只有敢于向不可能挑战的人,才能扼住命运的喉咙,成为生活的主人。

在人生的道路上,每个人都会遭遇不幸,而生命的价值就是坚强地战胜不幸,冲出坎坷,奔向美好的明天。我们所经历的困境、磨难、失败都是获得成功的必要因素,勇敢地去挑战它们,相信自

第二章 那些坚持不懈的努力，才是通向成功的捷径

己，就一定能成功。

1967年5月，莫斯科市第一中学，操场上人声鼎沸，学校正在举行一年一度的篮球比赛，以弗拉基米尔为首的一支篮球队与另外一支篮球队在赛场上狭路相逢，双方剑拔弩张，打得不可开交。

由于裁判的一次误判，弗拉基米尔带领的篮球队输了比赛。弗拉基米尔对这样的结果感到不满意，他上前与裁判申诉，裁判认为他无理取闹，便掏出了黄牌。对方球员认为弗拉基米尔输不起，便用嘲笑的口吻讽刺他，他忍无可忍，打了对方球员一记耳光。

这样的事在莫斯科市第一中学还是头一遭，校长闻讯后，要求对闹事者严惩不贷，弗拉基米尔收到了一份在家停学三个月的惩罚书。

弗拉基米尔不服气这样的判决，他几次找到校长申诉，校长觉得他不可理喻，便给他的父亲打了电话，让他的父亲领他回家反省。

父亲领着弗拉基米尔回到家中，他们每天在田园里劳作。弗拉基米尔低着头，失败的阴影始终笼罩着他，他一心想当个好学生，将来从政并且振兴苏联的经济，可是这样的道路走起来却无比艰难。

有一次，他与父亲一起拉着一大车的蔬菜去市场上叫卖。在回来的路上，突然遇到了暴雨。由于没带雨具，周围也没有找到一个适合的避雨场所，他们被淋成了"落汤鸡"。

雨始终没有停下来的意思，父亲看了看天，对弗拉基米尔说道："我们接着赶路吧，等到雨停了，天也就黑了，我们就失去了光明，回家的路会更加坎坷。"

弗拉基米尔看了看天，他看到一大块一大块的阴霾笼罩着天际，

挥之不去,他嘴里面嘟囔着:"怎么都是阴霾,阳光哪去了?"

父亲一边在前面拉着车,一边大声告诉他:"不,阳光就在那儿,它没有走远,阴霾只是失去信念的阳光,只要天空充满了力量和自信,用不了多久,阴霾就会变成阳光的。"

父亲的话让弗拉基米尔顿悟,他一边推着车子,一边抬头看天。果然,不一会儿,雨停住了,夕阳露出了笑脸,阴霾消失殆尽。

这个叫弗拉基米尔·普京的孩子不负众望,一气奔跑在仕途上。2000—2008年,普京连任俄罗斯总统,期间实施强权政治,对外大力提升俄罗斯的国际影响力,对内实施改革,大力整治腐败。2008年5月8日,他担任俄罗斯总理。2012年3月,俄罗斯举行总统大选,他众望所归地又一次被推选到俄罗斯的最高政治舞台上,重新回到克林姆林宫,以绝对优势当选俄罗斯总统。

普京的故事告诉我们:没有一帆风顺的人生,我们的人生道路并不是平坦的"高速路",而是崎岖的"小山路"。因此,我们必然会经受失败的洗礼,挫折的磨难。阴霾只是失去信念的阳光,只要我们不放弃拼搏,多去分析失利的原因,总结经验,朝着新的方向进军,最终都会收获完满的人生。

太阳总是在风雨过后才更为灿烂,空气也总是在风雨过后才更加清新,只要坚信胜利属于自己,那么在面对生活中的种种磨难时,就一定能拨开乌云,看到美丽的彩虹。

第三章

硬起心肠,成功是和自己较量

伟人们都能做到"泰山崩于前而色不变,麋鹿兴于左而目不瞬"。因此,在滚滚红尘中,我们应该怀抱一种平和心态,挡住各种诱惑;做一件平常事,学会放弃一些生活的累赘;做一个平平凡凡的人,简简单单生活。平和地应对得失,耐得住人生寂寞,才能拥有美满和谐的人生。

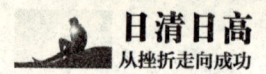

天外有天,山外有山

现实生活中,总有一群自大的人,他们把自己的地位、作用等看得很重要,过度夸大自己的价值,事事都要做得比别人强,自以为非常了不起。殊不知,自大是一种不健康的心态,更是一种卑微的行为。

人生在世,少一些自大,多一些自知之明;少一些骄傲,多一些谦虚,才是正确的为人之道。人们常说:"天不言自高,地不言自厚。"自己究竟有无本事,本事到底有多大,别人都看在眼里。千万不能像夜郎国的国王那样,既自大又无知。

在汉朝的时候,在西南方有个名叫夜郎的小国家。它虽然是一个独立的国家,但是国土面积并不大,人口也不多,物产更是不丰盛。夜郎国临近地区还有几个更小的国家,同它们相比夜郎国是最大的,于是从来没有离开过国家的夜郎国国王便天真地以为自己的国家就是全天下最大的国家了。

有一天,夜郎国国王与部下巡视国境的时候,他指着前方问部

第三章 硬起心肠，成功是和自己较量

下们："这里哪个国家最大呀？"部下们为了迎合国王的心意，说道："当然是我们夜郎国最大啦！"往前又走了一段距离，国王抬起头，望着不远处的高山问部下们："天底下还有比这座山更高的山吗？"部下们回答说："没有。"后来，他们来到河边，国王又说："这可是世界上最长的河川了。"部下们异口同声地回答说："大王说得对。"从此以后，无知的国王就更相信夜郎是天底下最大的国家。

有一次，汉朝派使者来到夜郎，途中先经过夜郎的邻国滇国。滇王问汉朝使者："汉朝和我的国家比起来哪个大？"使者一听吃了一惊，他没有想到这个小小的国家，竟然无知地自以为能与汉朝相比。使者又来到了夜郎国，骄傲又无知的国王竟然不知天高地厚也问使者："汉朝和我的国家哪个大？"殊不知，他的国家也就相当于汉朝的一个县而已。

在现实生活中，总有一些人像夜郎国的国王那样狂妄自大、坐井观天，他们也因此很容易遭到别人的鄙夷。退一步讲，即使他们有一定的能力，有自大的资本，但他们难道不知"天外有天，山外有山"的道理吗？

富兰克林年轻时是一个骄傲自大的人，言行不可一世，咄咄逼人。造成他这种个性的最大原因，归咎于他的父亲。因为其父过于纵容他，从来不对他的这种无礼的行为加以训斥。倒是他父亲的一位挚友实在看不过去了，有一天，把他叫到面前，用很温和的言语，规劝了他一番。这番规劝，竟使富兰克林从此一改往日的行为，踏上了他的成功之路！

父亲的挚友对他说："富兰克林，你想想看，你那不肯尊重他人

意见，事事都自以为是的行为，结果将使你怎样呢？人家受了你几次这种难堪后，谁也不愿意再听你那一味矜夸骄傲的言论了。你的朋友们将一一远避于你，免得受了一肚子冤枉气，这样你从此将不能再从别人那里获得半点学识。何况你现在所知道的事情，老实说，还只是有限得很，根本不管用。"

富兰克林听了这一番话，大受触动，深知自己过去的错误，决意从此痛改前非，处事待人改用研究的态度，言行也变得谦恭委婉，时时慎防有损他人尊严的行为。不久，他便从一个被人鄙视、拒绝交往的自负者，变为到处受人欢迎爱戴的成功人物了。他的事业也得力于这次成功的转变。

如果富兰克林当时没有接受这位长辈的劝勉，仍旧事事一意孤行，说起话来不分大小，不把他人放在眼里，那结果定会不堪设想，至少美国将会少了一位伟大的领袖。

妄自尊大，总想出人头地露一手，最后只会栽大跟头。我们要对自己有一个正确的认识，既要看到自身的优点，也要看到自身的弱点，这样才能在竞争激烈的社会中生存下去。

在柯金斯担任福特汽车公司经理时，有一天晚上，公司里因有十分紧急的事情，要发通告信给所有的营业处，所以需要全体职员协助。

当柯金斯安排一个做书记员的下属去帮助套信封时，那个年轻职员傲慢地说："那有失我的身份，我不干！我到公司里来不是做套信封工作的。"

听了这话，柯金斯一下就愤怒了，但他平静地说："既然做这件事是对你的污辱，那就请你另谋高就吧！"

于是那个青年一怒之下就离开了福特公司。但因为他仍听不进别人的话，所以他跑了很多地方，换了好几份工作都觉得很不满意。他终于知道了自己的过错，于是又找到柯金斯，诚挚地说："我在外面经历了许多事情，经历得越多，越觉得我那天的行为错了。因此，我想回到这里工作，您还肯任用我吗？""当然可以，"柯金斯说，"因为你现在已经能听取别人的建议了。"

重返福特公司后，那个青年变成了一个很谦逊的人，不再因取得了成绩而骄傲自满，并且经常虚心地向别人请教问题。最后他进入了福特的管理层，成为了福特的大股东之一。

现代人最大的问题，就是骄矜之气盛行，千罪百恶都产生于骄傲自大。这样的人不肯屈就于人，不肯忍让于人，这都不利于自身修养的提高。要学会不居功自傲，自我约束，克制骄傲。只有这样，才不会成为众矢之的，才能凸显自己的人格魅力。

坦然面对生活的得与失

人的一生中会遇到很多选择,比如得与失、取与舍。如果一个人只想取不想舍,或者只想得不想失,在现实生活里,这种情况是不可能存在的。当面临取与舍和得与失的时候,坚定自己的目标,当取则取,当舍则舍,该得的就心安理得地得,该失去的也坦然面对,这是一种认识,更是一种境界。

英国史学家卡莱尔耗尽半生的心血,终于完成了《法国大革命史》的全部文稿。法国大革命的历史相当冗长复杂,要将它用文学性的语言完整地创作出来,不亚于完成一项艰难的工程。可是卡莱尔却做到了。

卡莱尔将这本巨著的原稿送给朋友米尔阅读,希望他可以给自己一些修改建议。几天之后,米尔脸色苍白地跑到卡莱尔家,带给他一个不幸的消息:《法国大革命史》的原稿,除了少数几页幸存之外,绝大部分都被他的一位女佣人当成了废纸,扔进火炉里面化成灰烬了。

第三章　硬起心肠，成功是和自己较量

当年迈的卡莱尔听到这个消息时，简直不敢相信自己的耳朵，毕竟这份书稿几乎耗费了他半生精力。他像个孩子一样，把自己锁在一间小小的屋子里，将自己的身体抱成一团，哭着说："上帝啊，我犯了什么错，你为什么要这样惩罚我？"

原来，当初他在撰写《法国大革命史》的时候，对自己的要求非常严格，每当完成一个新的章节，他都会随手把原来的底稿撕碎，因此没有留下任何记录。也就是说，如果卡莱尔还想要完成《法国大革命史》的话，那就只得重新写。这对年迈的卡莱尔来说，又是一次巨大的挑战。

三天之后，卡莱尔做出了一个令人震惊的决定——重新撰写这本书。这意味着他要重新翻找浩如烟海的史料，用尽自己的残年余力，在最短的时间内重新完成这本巨著。在别人看来，这几乎是不可能的事，可是卡莱尔却最终完成了。

人因为生活中的得失而备受折磨，其实有得必有失，一时的得失不会影响人生的进程，如果你总是把一时的得失挂在心头，不能释然，那么，内心也就得不到平静和快乐。法国一位著名作家曾说："我们不应该为一些自己看似重大的事而心情郁闷，它除了使你意志消沉外，不会给你带来任何帮助。"相反的，如果能够乐观地看待这些得失，就会少一些烦恼，多一些快乐。

有一位禅师非常喜爱兰花，在平日讲经之余，他花费了许多的时间栽种兰花。有一天，他要外出云游一段时间，临行前交代弟子们要好好照顾寺里的兰花。在这段时间里，弟子们总是细心照顾兰花，但有一天在浇水时却不小心将兰花架碰倒了，所有的兰花盆都

打碎了，兰花撒了满地。弟子们都非常恐慌，打算等师父回来后，向师父赔罪领罚。禅师回来后，闻知此事，便召集弟子，不但没有责怪他们，反而说："我种兰花，一来是希望用来供佛，二来也是为了美化寺庙环境。我不是为了生气而种兰花的。"

禅师说得好，"不是为了生气而种兰花的"。禅师之所以能如此，是因为他乐观而淡然。因此，兰花的得失，并不影响他心中的喜怒。养兰花是为了怡情，如果因失去兰花而失去心理的平衡，那就不如不种兰花。

在日常生活中，因为人们牵挂得太多，太在意得失，所以人们的情绪起伏不定。人的一生总是会发生很多不如意的事情，但这些都不重要，重要的是要用坦然的心态去面对得失。得之，不要大喜，更不可贪得无厌；失之，不要大悲，更不可丧失信心。得与失，都不要看得太重，要做到宠辱不惊。坦然面对生活的得与失，才会快乐，才会幸福。

曾经有一个年轻人，靠着辛勤劳作，打拼了多年，成为了一名财主。然而，在一次大交易中，他被对手摆了一道，一夜之间他不仅亏光了所有的钱，而且欠下了不少债务。万般无奈之下，他卖掉了自己的店铺和房产，还清了债务。他的妻妾则嫌弃他贫穷，带着孩子离开了他。此刻，他没有了亲人，生活极度贫困，身边只有一个包袱和一只自小养大的狗。

在一个大雪纷飞的夜晚，他来到了一个偏僻的村庄，想找到一个暂时的容身之地。在村庄内，他找到了一间废弃的茅草屋，里面没有一盏油灯，四周漆黑一片。他躺在茅草堆上，想起了曾经的所

第三章　硬起心肠，成功是和自己较量

有经历，顿时对人生感到前所未有的绝望，甚至想结束自己的生命。但是，他忽然看到依偎在身边的狗，他那绝望的心，有了一丝慰藉。最后，他无奈地叹了一口气，沉沉地进入了梦乡。

第二天早上醒来，他发现自己的狗被人杀死在门外。看着心爱的狗死去，他内心的酸楚再次涌上心头，突然有了轻生的念头。不过，他发现整个村庄都沉寂在一片可怕的寂静之中。他一路走过去，看到的是满地的尸体。这些迹象表明，这个村庄昨夜似乎遭到了匪徒的洗劫，而且村庄里只有他一个人活着了。看到这可怕的场面，他心里顿时打消了结束生命的念头，不由想到：看来这一切都是上天注定的事情。我虽然破产了，失去了所有的财富和亲人，但我还活着。生命才是人生最宝贵的财富。我没有理由不珍惜自己，所以我一定要坚强地活下去。有了生命，我还渴求什么呢？

人的一生总在得失之间，人生在失去的同时也往往会另有所得。只要认清了这一点，就不至于因为失去而后悔，不因得到而窃喜，就会活得更快乐。人生在世，重要的不是得与失，而是你曾经为得到付出了多少努力，无论你得到了还是失去了，只要你是快乐的、是幸福的，你的人生就是有意义的。

错过了也能收获惊喜

我们不是圣人,经常会在有意或是无意之中,做错很多事情,错过很多事情。或许你曾经因为疏忽,忘记了与女友约会的时间,错过了女友的生日;或许你忘记了某个重要的面试电话,错过了胜任好工作的机会;或许你因为突发事情错过了最后一班回家的公交车……面对这些,你是不是整天都在抱怨与叹息之中度过呢?

你的回答要是"是"的话,那么请你赶紧停止。因为你的人生大可不必如此,错过了爱情,你还有朋友;错过了工作,你还有自由……也许有一天,你会惊讶地发现:原来错过了并不是一件糟糕的事情,反而是一种幸运。既然如此,又何必抱怨与叹息呢?

有一年,美国一所著名的大学要在中国招收学生,名额只有一个。被招收的学生的全部费用将由美国政府来出。很多学生报名参加了初试,但初试结束后,只有十几名学生能进入下一轮的面试。到了面试的那一天,这些学生以及他们的家长都来到面试地点静候面试。当主考官出现在大厅,学生们一拥而上,将他团团围住了。

第三章 硬起心肠，成功是和自己较量

他们用流利的英语跟主考官交流，甚至还做起了自我介绍。然而，只有一名学生由于动作太慢，没能接近主考官，为此他心里感到一丝失落与懊恼。

这名学生认为自己不可能被录用了，于是就准备离开。就在此时，他突然发现大厅的角落里有一个外国女人，正在茫然地看着窗外。这个学生心想："她不会是遇到什么麻烦了吧？我过去看看能不能帮帮她的忙。"这个学生走近那位女士，有礼貌地跟她打了招呼并简单介绍了一下自己，最后问："您是不是需要帮忙呢？"女士说："谢谢你的好意，我暂时不需要。"接下来，女士又问了一些这个学生的情况，两人越聊越投机，谈得很愉快。

第二天，这个学生收到了主考官的通知，他被录用了。这个学生得知这个消息十分高兴，后来他才知道那位女士，原来是此次招生的另一位主考官。

看来，错过了美丽的花朵，收获的并不一定是凋残的树叶，有时收获的就是硕果。所以，当我们用尽心力去争取一件事情而没有得到回报的时候，朋友，千万不要悲观失望，更不要停止前进的步伐。因为，前方有更好的机会正在向我们招手。是的，不要再为错过而抱怨了，关键看看你能收获什么。

其实，错过本身就是一种美丽，从长远来看，这些错过也未必就是更大的不幸。如果在种种情绪的背后，你时常为错过感到庆幸而不是抱怨的话，那么恭喜你，你已经学会欣赏错过了。

孙小红毕业后，进入了北京的一家公司当职员。从住处到公司坐公交车需要花费半个小时的时间。每天一大早，孙小红都要去

挤公交车。虽然,半个小时的路程并不长,可是因为这趟公交车经过地铁站,所以每天都是非常拥挤。孙小红常常因为拥挤而懊恼、抱怨。

有一天,孙小红起床稍微晚了一点,来到公交站台挤了三辆车都没有上去。她心里更加懊恼不已,抱怨自己的运气怎么就这么不好呢。无奈之下,只能等下一辆公交车。等到公交车停靠在站边的时候,人们还是一拥而上,孙小红虽然"努力"了,可还是被挤了下来。望着渐行渐远的公交车,看着手表上那越来越接近的上班时间,孙小红心里更加着急了,心情糟糕透了,差点决定步行去上班。

就在这时,后面又来了一辆公交车,由于站台的人已经不多,所以孙小红顺利地上了车,过了两站,还得到了一个座位。此时,孙小红感到非常高兴,心想:"幸好错过了前面的几辆车。"最终,孙小红踩着时间正好到了公司。看来,上天还是眷顾她啊!

不管错过了什么,都要淡定地告诉自己,其实,错过也是一种收获,或许我们都还没有看清这些收获,但是它一直都在那里,静静地等待着我们不断地去感悟它、去发掘它、去感知它,直到最终拥有它。

同样的生活,既可以让人意志消沉,也可以让人百炼成钢,其中的关键就是你究竟怎样面对。如果你坚信生活是美好的,并用淡定的心态面对错过,那么你的心情也将是快乐的,而你也会是一个幸运的人。当你不再为错过的或者缺少的东西而怨天尤人,更不为不确定的将来忧心忡忡时,那么,你也就能够从中得到生活的乐趣,收获属于自己的硕果。

理性地克制嫉妒心

嫉妒是人的一种心理活动，其表现特征是，见不得别人比自己强，当别人表现得比自己优秀或是别人有好事情发生，心里便不平衡，滋生出嫉恨之心。人的嫉妒心像一把双刃剑，当我们举起它时，虽满足了伤害别人的目的，但也使得自己鲜血淋漓。

春秋末期，庞涓和孙膑同为鬼谷子的学生。两人在鬼谷子的指导之下，文韬武略无所不习，成为当时的奇才，二人也因此亲如兄弟。但庞涓较为心浮气躁，在学艺未得大成之时，便急欲立功扬名，于是下山投奔魏国。在魏国，庞涓深得魏惠王信任，被封为大将军。他用所学的知识训练兵马，在与他国的交战中，屡战屡胜，备受魏国朝野尊重。

不久，孙膑也学成下山。他德才兼备，智谋非凡，是个百世难遇的奇才。下山之初，因为没有根基，所以孙膑打算前往魏国投奔庞涓。魏惠王得到消息，便征询庞涓的意见。庞涓心知自身逊孙膑一等，便说："孙膑是齐国人，我们如今正与齐国为敌，他若来了，恐怕有所不妥。"魏惠王说:"如此说来,他国人就不能用了?"庞涓无奈,只得同意让孙膑前来。

孙膑来到魏国,一谈之下,魏惠王就知道孙膑更有将帅之才,便想封他为副军师,协助庞涓行事。庞涓听了忙说:"孙膑是我的兄长,才能又比我强,岂可在我的手下?不如先让他做个客卿,等他立了功,我再让位于他。"实际上,这是个计谋。庞涓是为了不让孙膑与之争权,想先稳住他,然后伺机陷害他。而孙膑还以为这是庞涓一片真心,对他十分感激。

庞涓原以为孙膑一家人都在齐国,因而不会在魏国久留,便试探着问他:"你怎么不把家里人接来同住呢?"孙膑说:"家里人非亡即散,哪里还能接来呢?"庞涓一听,顿时一惊。如果孙膑真在魏国待下去,自己的地位真是岌岌可危了。

不久,一个齐国人捎来了孙膑的家书,大意是让他回去。孙膑回了一封信,言称自己已在魏国做了客卿,不能随便离去。其实捎信的人是庞涓的心腹,庞涓骗到孙膑的回信后,仿其笔迹涂改后,呈给了魏惠王。魏惠王便问庞涓如何处置此事。庞涓一见机会来了,便答道:"孙膑是大有才能之人,如果回到齐国,对魏国十分不利。我先去劝劝,如果他愿意留下,那就罢了;如果不愿意,那就交由我来处理。"魏惠王点头答应。

庞涓当然没有劝说孙膑,而是对他说:"听说你收到一封家信,怎么不回去看看呢?"孙膑说:"只怕不妥。"庞涓大包大揽,劝孙膑放心探亲,孙膑颇为感动。第二天,孙膑便向魏惠王告假。魏惠王一听孙膑要回乡,便以为他私通齐国,命庞涓审问。庞涓故作惊讶,

第三章 硬起心肠，成功是和自己较量

先放了孙膑，后又假意向魏惠王求情，而后又神色慌张地向孙膑解释，他费了九牛二虎之力才保住了孙膑的性命，但黥刑和膑刑却不能免除。于是，孙膑脸上被刺字，膝盖骨被剔以致终身残疾。

后来，庞涓的阴谋被人戳穿，孙膑装疯逃出魏国，回到了齐国。齐威王一见之下，如获至宝，当即拜他为军师。不久，庞涓带兵包围了赵国邯郸，赵国向齐国求救，齐王派田忌为大将、孙膑为军师，使庞涓连连败北。最后，孙膑用"减灶法"引诱庞涓来追，暗设伏兵，将庞涓射死在马陵道上。

南怀瑾说："当一个人有悭贪嫉妒、整人害人、言语伤人等种种思想行为出来的时候，令对方遭受到比牛马被鞭挞的痛苦还要痛苦数倍，是不是这样？是这样的话，这个回转来的果报是很自然的。"庞涓最终死于非命，可以说完全是他的嫉妒所带来的结果。如果他不滋生嫉妒心，而是虚心地向师兄孙膑请教，说不定他便不会有此下场。

嫉妒不但会让人变得无德，而且还会让人变得非常愚蠢，因为自己的嫉妒心理，会让自己做出愚蠢的选择。

有一个非常虔诚的佛教徒，每天早中晚三次都做祷告。每一次祷告时，他都希望能够见到佛陀，即使是见一次，也感到满足。

有一次，佛陀听到了他的祷告，出现在了他面前。这个人见到佛陀，简直难以置信。他虔诚地跪拜佛陀，不敢抬头看佛陀。

佛陀对他说："你不用惊慌。我念你一片诚心，可以满足你几个愿望。"那个人听了非常高兴，抬起头来惊喜地看着佛陀。

佛陀继续说："你的愿望我都能满足，但有一个前提条件，你的

邻居将会得到双倍的回报。你赞同吗？"

佛教徒很富有，但他的邻居家里一贫如洗。他仔细算了一笔账：如果自己得到一块土地，那么邻居就能得到两块土地；如果自己得到一箱财宝，那么邻居就能得到两箱财宝；如果自己得到一位美女，那么邻居就能得到两位美女。如此一来，邻居岂不是就变得比我富有了吗？

他还想，我每天都虔诚地祈祷，邻居没有祈祷，凭什么运气这么好呢？想到这里，他的心里升起了一股妒火，想来想去不知道提什么愿望。

嫉妒是一副毒药，是一股妄念，不但会让人变得狭隘、自私，而且会让人变得恶毒。嫉妒别人，其实是在折磨你自己。因为我们的嫉恨，源自于我们内心的不清净。一个人内心要是不清净，自然就会为现实问题所困扰，也就容易产生嫉妒心理，走入歪道。如果一个人总是用嫉妒的心态去生活，内心始终被负面情绪所占据，那么如何能够生活得幸福呢？所以，我们要懂得用理性来克制嫉妒，及时扑灭心中的妒火。

用理智控制自己的情绪

人们都愿意生活得快乐与幸福。然而,生活是错综复杂、千变万化的,并且经常发生不如意的事情。长时间处于生气、苦闷、悲伤之中的人,通常容易出现健康问题。只有善待自己,适时调整自己的情绪,才会有一个安定的人生。

现代心理学大师威廉·詹姆斯博士曾经说:"如果另一个人无法以意志来控制自己的情绪,那么你可以用你的意志来控制你的举止。与此同时,你的行为表现是什么样,你的感觉就是什么样。"当你表现愤怒的举止时,你就会有愤怒的感觉。你表现得越愤怒,愤怒的感觉就会越浓,并且这种感觉会持续很久。控制自己情绪的方法,就是要理智。

拿破仑·希尔在办公大楼工作时,曾跟管理员发生了一点不愉快。碍于面子,拿破仑·希尔没有向管理员道歉。自从那一天起,他们两个人都看彼此不顺眼,甚至还更加憎恨对方了。管理员为了报复拿破仑·希尔,就趁着大楼只有他一个人在工作时,拉掉了电闸,使得拿破仑·希尔无法办公。这样的事情发生了好几次,拿破仑·希尔对此感到非常愤怒。

有一天,正在办公的拿破仑·希尔发现办公室的电灯又灭了。不用说,肯定是那位管理员捣的鬼。拿破仑·希尔气冲冲地找了那位管理员,只见他正在悠闲地吹着口哨。拿破仑·希尔更气愤了,就对着管理员大骂了起来。谁知,管理员非但没有生气,反而用温和的语气说:"你今天是不是太激动了啊?"听到这句话,拿破仑·希尔顿时不知所措。

拿破仑·希尔回到了办公室,心想自己是有素养的人,刚才竟然大骂管理员,实在是蒙羞的事情。他还想到以前发生了矛盾,因为没有勇气道歉,所以才导致矛盾加剧,今天本来是一个很好的道歉机会,可是刚才却因为失去了自制力,而让自己愈发尴尬了。最终,拿破仑·希尔决定向管理员诚挚道歉。

再次来到管理员的办公室,管理员依旧温和地说:"这一次你又想怎么样呢?"拿破仑·希尔说自己是来道歉的。管理员说:"你不用跟我道歉。你今天的那番话,只有天知地知、你知我知,我是不会说出去的,我知道你也不会说出去的。我看这件事情就到此为止吧。"拿破仑·希尔被管理员的话震住了,他走上前去,握住管理员的手,真诚地表达了歉意。

通过这件事情,拿破仑·希尔认识到,一个人如果缺乏自制力,就有可能无法抑制感情的冲动,成为情绪的奴隶。

人生一世,喜怒哀乐,在所难免。有些人往往会不控制情绪,以至于酿成不可估量的后果,同时也损害个人身心健康。有的人则

第三章 硬起心肠，成功是和自己较量

会用理智的力量去控制冲动的情绪，成为情绪的主人。只有控制好了情绪，才会感到舒适，心情才会感到愉快。

很多时候，控制自己情绪并不是一件容易的事，除了遇事要冷静、要理解别人之外，还更需要有宽阔的胸怀，去容纳难容之事。

唐朝开元年间有位梦窗禅师，他德高望重，并且还做了国师。

有一次，梦窗禅师搭船渡河，渡船刚要离岸，远处来了一位骑马佩刀的将军，将军大声喊道："等一等，等一等，载我过去。"他一边说，一边把马拴在岸边，拿着鞭子朝渡船走来。船上的人纷纷说道："船已经开了，不能回头了，干脆让他等下一班船吧。"船夫也大声喊道："请等下一班船吧。"将军非常失望，急得在水边团团转。

这时，坐在船头的梦窗禅师对船夫说道："船家，这船离岸还没有多远，你就行个方便，掉过船头载他过河吧。"船家一看是位气度不凡的禅师开口求情，就把船开了回去，让那位将军上了船。

将军上了船后，就四处寻找座位，无奈座位已满。这时，他看到了坐在船头的梦窗禅师，于是拿起鞭子就打，嘴里还粗野地骂道："老和尚，快走开。没看见你大爷上船了吗？快把座位让给我。"没想到，这一鞭正好打在梦窗禅师的头上，鲜血立刻顺着他的脸颊汩汩地留了下来。梦窗禅师一言不发，把座位让给了那位将军。

看到这一切，大家心里既害怕将军的蛮横，又为梦窗禅师抱不平，人们纷纷窃语：这将军真是忘恩负义，禅师请求船夫回去载他，他不仅抢了禅师的位子，还打人家。从大家的议论声中，将军明白了一切，他心里非常惭愧，懊恼不已，但身为将军，他又不好意思

认错。

不一会儿,船到了对岸,大家都下了船。梦窗禅师默默地走到了水边,洗掉了脸上的血污。此时,那位将军再也忍受不住,走上前,跪在梦窗禅师面前,忏悔道:"禅师,我真对不起您。"

谁知,梦窗禅师不仅没有生气,反而心平气和地说:"不要紧,出门在外,难免有心情不好的时候。"

控制好情绪,就是梦窗禅师的生活智慧和做人诀窍。我们每个人都会遇到让自己生气的事,当我们要生气的时候,应该学习梦窗禅师不要轻易动怒。我们可以这样想:"我哪有时间来生气?我应该去做更重要的事,我的现状不容我生气。"如果我们已经拥有很多,应该想:"既然我已经拥有这么多,我更没有理由生气了。"这样,我们也就能放下生气的坏情绪了。

一个人的涵养来源于他的修养,有修养之人都懂得控制情绪。遇事不能冷静,并且以极端手段处事的人,肯定不是一个有修养之人。情绪处理得好,可以将阻力化为助力,帮助我们解危化险、政通人和。情绪若处理得不好,便容易失去控制,产生一些非理性的言行举止。所以,为了能美好地度过每一天,还是控制住自己的情绪,别乱发脾气的好。

第三章　硬起心肠，成功是和自己较量

遇事不斤斤计较

人生于世，宜当有情有趣，宜当亲人近之、朋友敬之，宜当宽宏大度些，凡事不斤斤计较。其实计较来计较去，烦人又烦己，大事办不成，小事办不好，还不如不计较。

从前，一个牧场生活着两户人家，一家以牧羊为生，养了许多的羊，另一家是猎户，靠打猎为生，所以养了很多的猎狗。这样，问题就出现了，这些猎狗经常跳过栅栏，袭击牧羊人的小羔羊。牧羊人几次请猎户把猎狗关好，猎户都不以为然，口头虽然答应了，但是没过几天，他家的猎狗就又跳进牧场横冲直闯，咬伤了好几只小羔羊。

终于牧羊人忍无可忍了，就去找镇上的法官评理。听了他的控诉，明理的法官说："我可以处罚那个猎户，也可以发布法令让他把猎狗锁起来。但这样一来，你就失去了一个朋友，多了一个敌人。你是愿意和敌人作邻居呢，还是和朋友作邻居？"牧羊人想了想答到："当然是朋友了。"

于是,法官给牧羊人出了一个主意,既可以保证他的羊群不再受骚扰,还可以赢得一个友好的邻居。一到家,牧羊人就按照法官说的挑选了三只最可爱的小羔羊,送给猎户的三个儿子。看到洁白温顺又可爱的小羔羊,孩子们如获至宝,每天放学都要在院子里和小羔羊玩耍嬉戏。因为怕猎狗伤害到儿子的小羔羊,猎户就做了个大铁笼,把猎狗结结实实地锁了起来。

从此,牧羊人的羊群再也没有受到骚扰。猎户因为牧羊人的友好,开始送各种野味给他作为回谢。牧羊人也不时用羊奶酪回赠猎户,渐渐地两人成为了好朋友。

凡事不要太较真,太在意计较小事会引发非常严重的后果。在生活中,经常会因为一些小事与别人发生摩擦,一次小的吵架也只是短短的几分钟,但是事后我们却一直记挂着这件事情,不停地折磨自己,每想起一次就生气一次,认为都是别人的错,都是别人惹自己生气的,其实是我们自己不放过自己。学着大度一点,少计较一些,才会拥有开心快乐。

从前有一个中年人,特别喜欢为一些琐碎的小事生气。他也意识到自己这样做不好,便去求一位高僧为自己说禅解道,开阔心胸。

高僧听了他的讲述,一言不发地把他领到一座禅房中,落锁而去。这位中年人气得跳脚大骂,骂了许久,高僧也不理会。没过多长时间,中年人又开始哀求,高僧仍置若罔闻。中年人终于沉默了。高僧来到门外,问他:"你还生气吗?"

中年人说:"我只为我自己生气,我怎么会到这地方来受这份罪。""连自己都不原谅的人怎么能心如止水?"高僧拂袖而去。

第三章 硬起心肠，成功是和自己较量

过了一会儿，高僧又问他："还生气吗？"

"不生气了。"中年人说。

"为什么？"

"气也没有办法呀。"

"你的气并未消失，还压在心里，爆发后将会更加剧烈。"高僧又离开了。

高僧第三次来到门前，中年人告诉他："我不生气了，因为不值得气。""还知道值不值得，可见心中还有衡量，还是有气根。"高僧笑道。

当高僧的身影迎着夕阳立在门外时，中年人问高僧："大师，什么是气？"高僧将手中的茶水倾洒于地。中年人视之良久，顿悟，叩谢而去。何苦要生气？气便是别人吐出而你却接到口里的那种东西，你吞下便会反胃，你不看它时，它便会消散了。

生活中有些烦恼是正常的。南怀瑾说："这些烦恼乃至魔境其实也没什么不对，没有什么好怕的，只要你能当下解脱，不为所转便是。不转时是凡夫、魔道，一转则是佛、菩萨。"与其一直为那些芝麻大小的事耿耿于怀，不如站高一点，忽略那些无关紧要的烦恼，用豁达的心态来面对生活，我们会发现天空一直是晴朗的。

遇事斤斤计较是一个人前进的最大障碍。计较太多，会让我们的人生顾此失彼。当我们遇到这些并不能决定人生前途和命运的事情的时候，不要斤斤计较，否则只会让自己痛苦不堪。我们不能被小事情阻挡前进的脚步，不要为一些没有必要的小事浪费自己的精力。面对小事的时候，学会淡然一笑。凡事看得开、看得透、看得远、看得准、看得淡，这才是人生的大智慧。

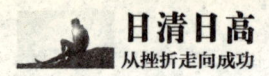

遏制浮躁的心态

急功近利是社会中许多人的一种不良心态,浮躁正在不断地吞噬着人们的灵性和光彩,很多人开始心态失衡,甚至心理扭曲。他们的生命负荷如此沉重,以至于他们与快乐无缘。其实,保持心灵的安静不容易,但只要我们不断地反省,逐渐地剔除心中不安分的东西,拭去心灵深处的浮躁,就能得到幸福和快乐。这只需要我们多一点点耐心。

有一个事事不如意的年轻人,来到普济寺拜见高僧释圆大师。一见面,他便叹道:"人生总是不如意,活着也是苟且,这还有什么意义呢?"

释圆大师听完年轻人的牢骚,吩咐小和尚说:"烧一壶温水送过来。"不一会儿,小和尚送来了温水。释圆大师在杯子中放了些茶叶,然后倒入温水,沏好了茶,请年轻人品尝。

杯子冒出微微的水汽,茶叶静静浮在水面上。年轻人惊讶,问道:"大师,您怎么喝温茶?"

第三章 硬起心肠，成功是和自己较量

释圆大师笑而不语，请年轻人尝尝。年轻人喝了一口，摇头叹道："这茶一点也不香。"

释圆大师说："这茶叶可是好茶叶，是闽地的铁观音。"

年轻人又尝了一口，还是说道："一点也不香。"

释圆大师又吩咐小和尚："烧一壶沸水送过来。"不一会儿，小和尚提着一壶滚烫的热水进来。释圆大师又用沸水冲了茶。年轻人看到，茶叶在杯子里上下沉浮，散发出阵阵茶香。年轻人想要端杯喝茶，但释圆大师制止了他，又往杯中注入沸水。茶叶翻腾得更加厉害了，茶香也更加浓烈了。释圆大师注了五次水，杯子终于满了，此时茶水清香扑鼻，沁人心脾。

释圆大师笑着问："同样是铁观音，施主你知道为什么茶味相差如此大吗？"

年轻人思忖着说："第一杯用的温水，第二杯用的沸水，水不同。"

释圆大师点头说道："对。用水不同，茶叶的沉浮也就不同。温水沏茶，茶叶轻浮水上，不会散发清香；沸水沏茶，反复几次，茶叶沉沉浮浮，自会散发清香。世间芸芸众生，跟沏茶是一个道理。水温不够，就不能沏出香茶，你自己能力不足，事事自然不顺。要想摆脱失意，关键是苦练内功，切不可心生浮躁。"

浮躁只会耽误自己的前途，拭去浮躁才能专心地做好事情。每个人都应该遏制浮躁的心态，脚踏实地，循序渐进。正如那句俗语所说："劝君做事要专心，处安勿躁好成事。"很多时候，我们浮躁，就是因为自己的心总静不下来。保持心灵的安静不容易，我们需要

不断地反省，逐渐地剔除心中不安分的东西。只有当我们拭去心灵深处的浮躁，才能得到幸福和快乐。

有位青年是一个诗歌爱好者，他从七岁起就开始进行诗歌创作，但一直未得到名师的指点。有一年夏天，他因仰慕一位文学大师，千里迢迢地去拜访这位年事已高的文学大师，寻求文学上的指导。

青年谈吐优雅，气度不凡，老少二人谈得非常融洽。文学大师对他非常欣赏。文学大师读过青年的诗稿之后，认定这位青年在文学上将会前途无量，决心大力提携他。

文学大师将那些诗稿推荐给文学刊物发表，但反响不大。他鼓励这位青年，没有谁一开始就是成功的，所以他希望这位青年继续将作品寄给自己。

自此，老少二人有了频繁的书信来往。青年在信中激情洋溢、才思敏捷，使文学大师对他的才华大为赞赏。文学大师在与友人的交谈中经常提起这位青年，青年因此就在文坛上有了一点小小的名气。但是，这位青年却再也没有给他寄诗稿来，信却越写越长，奇思异想层出不穷，言语中开始以著名诗人自居，语气越来越傲慢。

文学大师开始感到不安。凭着对人性的深刻认识，他发现这位青年身上有一种危险的浮躁倾向。他对青年的态度由赏识慢慢变成了失望。通信一直在继续，但文学大师的态度逐渐变得冷淡，成了一个倾听者。

很快，秋天到了。文学大师去信邀请这位青年前来参加一个文学聚会，年轻人如期而至。

在这位文学大师的书房里，两人进行了一番对话。这位青年告

第三章 硬起心肠，成功是和自己较量

诉文学大师，自己不愿意再像以前那样写一些小打小闹的作品，而是要写一部长篇史诗。

在这次文学聚会上，青年大出风头，他逢人便谈他的伟大作品，表现得才华横溢、锋芒毕露、咄咄逼人。几乎每个人都认为这位青年必将成为大诗人，难怪文学大师如此欣赏他。

转眼间，冬天到了。青年继续给文学大师写信，信越写越短，语气也越来越沮丧。直到有一天，他终于在信中承认，长时间以来他什么都没写，以前所谓的长篇史诗完全是他的空想。

他在信中很诚恳地写道："很久以来我就渴望成为一个大作家，周围所有的人都认为我是个有才华、有前途的人，我自己也这么认为。我曾经写过一些诗，并有幸获得了您的赞赏，我深感荣幸。在想象中，我感觉自己和历史上的大诗人是并驾齐驱的，包括和尊敬的您。但使我深感苦恼的是，自此以后，我再也写不出任何东西了。不知为什么，每当面对稿纸时，我的脑中便一片空白。我对自己深感鄙弃，因为狂妄无知，我浪费了自己的才华。"

从那以后，文学大师再也没有收到这位青年的来信。青年奔向目标的激情可嘉，但是他太急于求成，对名利的渴望最终打破了他内心的宁静，而这又直接导致了其文学梦的破碎。

浮躁是一种情绪，是一种并不可取的生活态度。人浮躁了，会终日处在又忙又烦的应急状态中，脾气会暴躁，神经会紧绷，长久下来，会被生活的急流所挟裹。"心宁则智生，智生则事成。"只有内心宁静，才能产生灵感；有了灵感，才能创作诗篇。那位青年刚刚有些名气，本来前途一片光明，却因禁不住名利的诱惑，滋生了

浮躁之气，结果葬送了大好前程。

　　人都想获得一个圆满幸福的人生，但如果心浮气躁，最终只会陷入失败的深渊。宁静的心灵则可以沉淀出生活中许多纷杂的浮躁，过滤那些浅薄粗陋，避免许多鲁莽、冲动的事情发生。不烦不躁，从容生活，这才是人生的最高境界。当我们心情不好的时候，一定要拭去自己内心的浮躁，始终保持一个好心情。因为只有心情好了，才能神清气爽，做起事情来才能得心应手。只有这样，我们才能成为幸福和自由的人。

第四章

当你快坚持不住时,再熬一熬

　　任何人在世界上都不是孤立存在的,正因如此,我们应该学会相互帮助、相互理解、相互信任,用一颗真诚的心来对待身边的人,唯有如此才能换来同等的对待。在这之中,我们会收获可贵的友谊,对此,我们要用心呵护,学会珍惜。

人际交往，信守诺言

人际交往中，信守诺言非常重要。我们一旦许下了诺言，就一定要兑现。这会让对方从心理上产生安全感，愿意跟你交往。所以说，言出必践是人际交往的一种心理策略，是人际交往中的大智慧。

一个人只有讲究信用，才能得到支持，并有所作为。大多数人都喜欢和一个有信誉的人交往，大到言出必行，小到守时守信，都能够看出一个人的品格和素养。

西周成王即位时还是个小孩子。一天，他和弟弟叔虞在后宫玩耍，一时高兴，就摘下一片桐叶给叔虞，说："我封你为王。"

当周公旦听说此事后便一本正经地要求成王正式给叔虞划定封地。成王说："我这是和他在做游戏，怎么能当真呢！"周公旦板着脸说："君无戏言。"

成王马上明白了这句话的分量，就把唐地分封给了叔虞。

据说，宋太祖有一天答应要任命张思光为司徒通史，张思光非常高兴，一直引颈企望宋太祖正式任命，但是始终没有下文。张思光实在等得不耐烦,只好想办法暗示。

张思光故意骑着瘦马晋见宋太祖,宋太祖觉得奇怪,于是问他:"你的马太瘦了,你一天喂多少饲料呢?"张思光回答:"一天一石。"

宋太祖又疑问道:"不少啊!可是每天喂一石怎么会这么瘦呢?"张思光又冷冷地答道:"我是答应每天喂它一石啊!但是实际上并没有给他吃那么多,它当然会那么瘦呀!"

宋太祖听出言外之意,于是马上下令正式任命张思光为司徒通史。

在现实生活中,人与人之间的交往要做到言出必践。只有言行一致,拿出"一言既出,驷马难追"的气概,才能让别人信服。

有一天,临近下班的时候,卡尔·威勒欧普接到市长的邀请电话,让他参加一个晚宴。但卡尔·威勒欧普毫不犹豫地谢绝了,他说:"很抱歉,我已经答应今天晚上陪我的女儿过生日,我不想失约。"

下了班之后,卡尔·威勒欧普给女儿买了生日礼物,接着开车到了市中心新开业的游乐园。他要在这里和妻子一起给女儿庆祝生日。

就在开始切蛋糕的时候,卡尔·威勒欧普的助理急匆匆地赶来了,他说:"有一个非常重要的客户很想在这个晚上与您见一面。"

卡尔·威勒欧普说:"可是,我已答应了女儿,整个晚上都陪在她身边。"

助理说:"这个客户只是在这里短暂停留,临时决定说要拜访您。"

卡尔·威勒欧普告诉助理:"我觉得我还是应该留下来陪女儿,

你就代我去见他一面吧！还有，见了面向他转达我真诚的歉意，跟他约好时间，到时我会亲自登门拜访。"

助理提醒卡尔·威勒欧普道："卡尔先生，您是不是先去一趟啊，毕竟这个客户太重要了。"

卡尔·威勒欧普坚定地说："不！我不想做一个失约的父亲。今天晚上，市长的宴请和客户的约见确实都很重要，但我一个月前就向女儿许下了承诺，我想这个更加重要。既然做出了承诺，那我就得履行。"

第二天，卡尔·威勒欧普刚到办公室，就跟那位客户打电话表达了歉意。让他没有想到的是，那位客户非但没有生气，反而由衷地说："卡尔先生，我真的非常感谢您。是您让我明白了什么叫一诺千金。"此后，卡尔·威勒欧普和这位客户建立了长期的合作关系。

"轻诺必寡信，多易必多难。"一个人如果经常失信，一方面会破坏他本人的形象，另一方面还将影响他本人的事业。信誉许诺是非常严肃的事情，对不应办的事情或办不到的事，千万不能轻率应允。一旦许诺，就要千方百计去兑现自己的诺言，以获得别人的信任。

履行承诺是一种美德，不轻易承诺也是一种美德。世界上的每一个人的力量都是有限的，如果许下诺言没有实现，势必会破坏自己在他人心目中的印象，还会让人倍加失望和难过，甚至导致别人的怨恨。信守承诺不仅是处世的态度，也体现出了一个人的人格魅力，以及"一言既出，驷马难追"的品行。懂得信守承诺的人，有什么理由不会为人所欢迎呢？

友情之间，贵在平时

在与人交往时，很多人总是怀着功利心，将其认为是交友的前提。殊不知，这是一种自私的、错误的观念。在这种前提下建立起来的人际关系，注定是不和谐的，是不会长久的。真正和谐、长久的人际关系，贵在平时的积累与维护，而不是平日里的不理不睬。没有了联系，深厚的友谊可能变得越来越淡；没有了联系，两颗心灵之间可能会彼此疏远；没有了联系，曾经无话不谈的朋友可能变得形同陌路。朋友之间要始终保持联系，这是实现心灵之间的交流与碰撞的一个最基本的原则。只要把握好了这条处世的原则，彼此之间的友谊才会更加深厚。

"人非草木，孰能无情"，加深感情的好方法，就在于平时多加联系。在这一方面，刘备为我们做出了榜样。

三国时期的刘备就是一个平时非常注重朋友的人。在刘备还读私塾的时候，他就十分讲义气，因此同学们都喜欢他。在读私塾时，刘备还经常帮助同学，跟同学们相处得非常好。后来，大家都很繁

忙,但刘备还是跟同学们保持着联系。

刘备在读书时,跟同学石全最谈得来。虽然石全家境不好,但为人真诚,所以刘备跟他十分要好。

后来,刘备出去打天下,在一次战斗中,刘备的队伍大败,他遭到追杀。在生命危险时刻,石全冒死将他藏了起来,救了他一命。

试想,如果刘备平常不注重跟石全的感情维护,那么石全也不会冒死去救他。不难看出,朋友之间的关系贵在平时的维护,这样的友情不会疏远,而在关键时候朋友常常会帮你一把。

如果平时从来不交往,不时常联络感情,到有事时才找朋友帮忙,那么对方会以为你只考虑利益,而不在乎朋友之间的友谊,这样的忙朋友自会考虑推辞。

有这样一个寓言故事:

有一天,黄蜂和鹧鸪都口渴得厉害,它们找到农夫,希望农夫能给它们水喝。它们承诺要帮农夫做事情,算是当做回报。

农夫问:"你们怎么回报我呢?"

黄蜂抢着说:"我可以替你看守葡萄园,谁要是来偷葡萄,我就用毒刺刺它。"农夫听了,并没有什么兴趣。

鹧鸪接着说:"我会帮你给葡萄松土,让葡萄长得更好。"农夫听了,还是没有兴趣。

黄蜂和鹧鸪问农夫原因。农夫回答说:"你们不口渴的时候,怎么就没有想到要替我做一些事情呢?"

农夫的一句反问,让黄蜂和鹧鸪哑口无言。

对于现实中的我们来说,每个人的一生都不可能一帆风顺,挫折是难免的。当朋友平时有困难的时候，你拉他一把，或许当有一天你落魄的时候，朋友也会毅然决然地帮助你。这样的交情才是最让人珍视的。

有一位领导因被小人诬陷而入狱，没有人敢接近他。他的心情很苦闷，一度丧失了生活信心，动了自杀的念头。这时他的一个部下不怕受连累，主动来见他，给他送东西，并开导他、鼓励他，指出他的前途是光明的。他终于坚持了下来。这位领导后来洗刷冤屈出了狱，十分感谢他的这个部下，把他当成知己。有一天，这个部下得了重病，这位领导把自己的全部积蓄拿出来给他看病，后来又把他接到自己家里疗养，可见感情之深。

现实生活中，虽然很少有人能达到"人饥己饥，人溺己溺"的境界，但我们至少能够做到平时多关心朋友，哪怕一句轻轻的问候，也足以让朋友感动。当朋友身患重病时，你应该多去探望，多谈谈朋友关心的或感兴趣的话题；当朋友遭到挫折而沮丧时，你应该给予鼓励；当朋友愁眉苦脸、郁郁寡欢时，你应该亲切地询问并开解他们。这些适时的安慰会像阳光一样温暖受伤者的心田，带给他们希望。

总之一句话，"常来常往是朋友"。只有平时不断往来，才能促进彼此之间感情的交流，人与人之间的关系才能越来越融洽。

投之以桃，报之以李

生活中的每个个体都不能离开他人而独立生活，人与人之间总是相互联系的。在这个需要相互扶持的社会，主动伸出友谊之手，会发现原来四周有这么多的朋友。因此，当别人需要帮助时，你不妨伸出援助之手，微笑着说一句："请让我来帮你！"关键时刻拉人一把，是对"欲求人助，先要助人"的最好诠释，远比平时费尽心机地讨好别人要明智得多。

很多年以前，有两个家境不好的年轻人考上了大学。在大学期间，他们一边读书，一边打工，为的就是赚取生活费和学费。有一次，他们想到一个赚钱的好点子：为著名的钢琴大师伊格纳西·帕德鲁斯基代办个人音乐会。他们与帕德鲁斯基的经纪人达成了协议，等表演结束后，付给帕德鲁斯基2000美元酬金。

这个价码对于帕德鲁斯基这样的钢琴大师来说，的确非常合理，可对于那两个穷学生来说，却是不小的数目。如果收入超不过2000美元，那么肯定就要赔钱了。两个人认真准备了这场音乐会，但最后算下来，他们发现收入只有1600美元。

第二天，两个人怀着忐忑不安的心情，将1600美元全部交给了帕德鲁斯基，还附了一张400美元的欠条，承诺很快便会把400美元还清。不过，他们看到帕德鲁斯基把欠条撕碎了，还把1600美元还给了他们，并说："孩子们，先从里面把你们的生活费和学费扣出来，再拿出10%作为你们的酬劳。剩下的再给我吧。"两个年轻人对帕德鲁斯基的行为非常感谢。

多年之后，第一次世界大战结束，帕德鲁斯基当上了波兰总理。当时，波兰国内有数不清的饥民，急需大量的粮食。为了解决这一大难题，帕德鲁斯基四处奔波，向美国食品与救济署的署长赫伯特·胡佛求助。赫伯特·胡佛接到消息后，丝毫没有犹豫便答应了。没多久，上万吨食品运送到波兰，帮助波兰饥民渡过了劫难。

帕德鲁斯基总理为了感谢赫伯特·胡佛，与他相约在巴黎见面。见了面，赫伯特·胡佛说："不用谢我，因为我还要谢谢您呢！帕德鲁斯基总理，您还记得您当年帮助过两位穷大学生吗？我就是其中的一个。"

人的一生不可能一帆风顺，难免会碰到失利受挫或面临困境的情况，这时候最需要的就是别人的帮助，这种雪中送炭般的帮助会让原本无助的人记忆一生，更让朋友终生感激。朋友会将这一切牢记在心，投之以桃，报之以李。帕德鲁斯基与赫伯特·胡佛的故事，告诉我们的就是这个道理。因此在人际交往的过程中，一定要在关键的时候帮人一把，这样不仅能够得到别人的欣赏，还能够提高自己的威信，扩大自己的交际圈。

日清日高
从挫折走向成功

约翰和珍妮是一对贫穷的夫妇。约翰在铁路局干一份扳道工兼维修工的活,又苦又累。珍妮在做家务之余就去附近的花市做点杂活,以补贴家用。

冬天的一个傍晚,小两口正在吃晚饭,突然响起了敲门声。珍妮打开门,门外站着一个冻僵了似的老头,手里提着一个菜篮。"夫人,我今天刚搬到这里,就住在对街,您需要一些菜吗?"老人的目光落到珍妮缀着补丁的围裙上,神情有些黯然了。"要啊,"珍妮微笑着递过几个便士,"胡萝卜新鲜呢。"老人浑浊的声音里又有了几分激动:"谢谢您了。"关上门,珍妮轻轻地对丈夫说:"当年我爸爸也是这样挣钱养家的。"

第二天,小镇下了很大的雪。傍晚的时候,珍妮提着一罐热汤,踏过厚厚的积雪,敲开了对街的房门,并把热汤送给了屋里的老人。长此以往,两家很快成了好邻居。每天傍晚,当约翰家响起卖菜老人的敲门声时,珍妮就会捧着一碗热汤从厨房里迎出来。

圣诞节快来时,珍妮与约翰商量着从开支中省出一部分来给老人置件棉衣:"他穿得太单薄了,这么大的年纪每天出去挨冻,怎么受得了。"约翰点头默许了。珍妮终于在平安夜的前一天把棉衣赶制完成了。平安夜那天,珍妮还特意从花店带回一枝降价处理的玫瑰,插在放棉衣的纸袋里,趁着老人出门卖菜,放到了他家门口。

两个小时后,约翰家的木门响起了熟悉的敲门声,珍妮一边说着"圣诞快乐"一边快乐地打开门。然而,这回老人却没有提着菜篮子。"嗨,珍妮,"老人兴奋地微微摇晃着身子,"圣诞快乐!平时总是受你们的帮助,今天我终于可以送你们礼物了。"说着老人从身后拿出一个大纸袋,"不知哪个好心人送在我家门口的,是很不错的棉衣呢。我这把老骨头冻惯了,送给约翰穿吧,他上夜班用得着。"老人还略带羞涩地把一枝玫瑰递到珍妮面前说:"这个给你,也是插在这纸袋里的,我淋了些水,它跟你一样美丽。"娇艳的玫瑰上,一闪一闪的,是晶莹的水滴。

这个故事告诉我们,感情是双方摩擦出的火花,而不是一颗心去敲打另一颗心,人性中最美丽的一面来自于对他人的关爱。适当的时候,拉别人一把,就是善待他人。"爱出者爱返,福往者福来",这是做人的智慧,更是对生活的一种从容的态度。拉别人一把,能让我们的心灵有一种愉悦感;拉别人一把,能让我们缔结好人缘。

有的时候,帮助别人并不需要我们付出什么物质,只需要我们的一句话、一个微笑、一束花就够了。这既能帮助他们走出困境,也能愉悦自己的心灵。

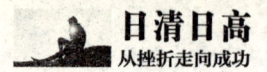

学会沟通，引发共鸣

沟通是人们进行思想交流、增进了解、取得信任的一种人际交往活动。沟通能力的优劣几乎可以决定一个人的交际是否成功。因此，在人际交往中，我们要学会沟通。

美国教育学家卡耐基曾经说："在去钓鱼的时候，你会选择什么当鱼饵？即使你自己喜欢吃起司，但将起司放在渔竿前端也钓不起半条鱼。所以，即使你很不情愿，也不得不用鱼喜欢吃的东西来做鱼饵。"沟通也是如此。假如你要说的话不能引发对方的共鸣，不论你怎么说，也不能达到"交心"的目的。因此，我们跟人沟通时，要引起对方的共鸣。

伽利略年轻时就立下雄心壮志，要在科学研究方面有所成就，他希望得到父亲的支持和帮助。

他对父亲说："爸爸，我想问您一件事，是什么促成了您同妈妈的婚事？"

"我看上她了。"父亲平静地说。

第四章　当你快坚持不住时，再熬一熬

伽利略又问："那您有没有娶过别的女人？"

"没有，孩子。家里的人要我娶一位富有的女士，可我只钟情你的母亲，她从前可是一位风姿绰约的姑娘。"

伽利略说："您说得一点也没错，她现在依然风韵犹存，您不曾娶过别的女人，因为您爱的是她。您知道，我现在也面临着同样的处境。除了科学以外，我不可能选择别的职业，因为我喜爱的正是科学。别的对我而言毫无用途也毫无吸引力！难道要我去追求财富、追求荣誉？科学是我唯一的需要，我对它的爱有如对一位美貌女子的倾慕。"

父亲说："像倾慕女子那样？你怎么会这样说呢？"

伽利略说："一点也没错，亲爱的爸爸，我已经18岁了。别的学生，哪怕是最穷的学生，都已想到自己的婚事，可是我从没想过那方面的事。我不曾与人相爱，我想今后也不会。别的人都想寻求一位标致的姑娘作为终身伴侣，而我只愿与科学为伴。"父亲始终没有说话，仔细地听着。

伽利略继续说："亲爱的爸爸，您有才干，但没有力量，而我却能兼而有之。为什么您不能帮助我实现自己的愿望呢？我一定会成为一位杰出的学者，获得教授身份。我能够以此为生，而且比别人生活得更好。"

父亲为难地说："可我没有钱供你上学。"

"爸爸，您听我说，很多穷学生都可以领取奖学金，这钱是公爵宫廷给的。我为什么不能去领一份奖学金呢？您在佛罗伦萨有那么多朋友，您和他们的交情都不错，他们一定会尽力帮助您的。也许

您能到宫廷去咨询一下,他们只需去问一问公爵的老师奥斯蒂罗利希就行了,他了解我,知道我的能力。"

父亲被说动了:"嘿,你说得有理,这是个好主意。"

伽利略抓住父亲的手,激动地说:"我求求您,爸爸,求您想个法子,尽力而为。我向您表示感激之情的唯一方式,就是……就是保证成为一个伟大的科学家。"

就这样,伽利略最终说动了父亲,并通过努力实现了自己的理想,成为了一名伟大的科学家。

其实,人与人沟通,很难在一开始就产生共鸣。当我们与别人沟通时,最好先找到共同点,引导出话题,引发共鸣,这样才能将话题进行下去。

有位相声演员有一次要到地方演出。这个消息提前很多天就传播了出去,大家都很兴奋。因此,这位相声演员刚到达目的地,多位记者就赶来采访,一想到那些记者要提问的问题,这位相声演员就感到无聊。所以,那些闻讯赶来的记者们都被他婉言拒绝了。

奇怪的是,在如此众多的记者中,有一位姓李的记者最后得到了采访这位相声演员的机会,只因为他敲开门后说了几句话:"老师,我是一个相声迷,我对你的节目有些意见……"听到这里,这位相声演员顿时来了精神,热情地接待了他。接下来,两个人就开始探讨起相声,谈话中两人聊得很投机。最重要的是,这位记者在谈话的过程中,将自己要采访的问题带了进去,自然也就轻松地得到自己想要的东西。这位记者正是借着这位相声演员的兴趣巧妙地打开了话匣子,最终顺利完成了采访任务。

第四章 当你快坚持不住时,再熬一熬

　　那名记者之所以能够成功,其原因是他谈到了这位相声演员感兴趣的话题,从而吸引了他的注意力,并在交谈中拉近了彼此的距离。由此可见,人际交往中,如果能够从对方的兴趣入手,多谈一些对方感兴趣的话题,势必会有助于建立起良好的人际关系。

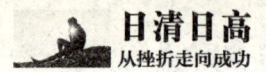

不吝啬微笑，得到他人认可

有人这样赞美微笑的价值："它不花什么钱，但创造了很多成果，它使接受它的人满足，而又不会使给予的人贫乏，它在一刹那间发生，却会给人永久的美好记忆。不过它却无处可买，无处可求，无处可偷。因为在你给予别人之前，微笑是没有使用价值的。"因此，我们在人际交往中，不要摆出一副冷冰冰的面孔，说话办事的时候面带微笑，这样才会拉近彼此的距离，才能够打动人心。

在飞机起飞前，一位乘客因吃药向空姐要一杯水，空姐承诺在飞机进入平稳飞行状态后会立刻把水送过来。但是飞机进入平稳飞行状态后的很长一段时间里，空姐还没有把水送来，那位乘客再次摁响了服务铃。一听到铃响，空姐立刻意识到自己工作的失误，便很快地端着一杯水来到那位乘客面前，微笑着向乘客道歉："先生，实在对不起，由于我的疏忽，延误了您吃药的时间，我感到非常抱歉。"但这位乘客并没有接受她的解释，并拿定主意要投诉这位空姐。

事后，为弥补自己的过失，这位空姐每次去客舱给乘客服务时，

第四章 当你快坚持不住时，再熬一熬

都会面带微笑地询问他是否需要水或其他服务。那位乘客都没有理睬。

飞机到达目的地之前，那位乘客要求空姐把意见登记簿给他送过去，空姐以为他会投诉她，但当所有乘客离开后，她打开一看发现，那位乘客这样写道："在整个过程中，你表现出的真诚的歉意，特别是你的十二次微笑，深深打动了我，使我最终决定将投诉信写成表扬信！你的服务质量很高，下次如果有机会，我还将乘坐你们的这趟航班。"

据那位乘客说，在空姐第二次向他微笑时，他认为道歉是应该的，没有什么特别的感觉；但在空姐第三次向他微笑时，他投诉的念头有点动摇了，开始想原谅这个空姐工作中的疏忽；在空姐第四次向他微笑时，他已经彻底原谅了这个空姐；在空姐第五次向他微笑时，他开始怀疑自己先前要投诉的想法是不是有点太过分了。所以最后在下飞机之前，那位乘客在意见登记簿上表扬了这个空姐优秀的微笑服务。

这就是微笑的潜在力量，它可以使对方的心情由不满到愉快，成功地弥补工作服务中的疏忽。微笑虽然无声，但它代表着一种认可、一种接纳，它缩短了人们彼此之间的距离，能使彼此更易沟通。喜欢运用微笑的人能够很容易走入别人的心扉，得到他人的认可。

含蓄的微笑往往比口若悬河更为可贵。在人与人相处中，大家都有着一种共同的期待：希望看到笑脸。对那些个性孤僻、表情冷漠之人，总是避而远之。因此，经常保持微笑的人容易拥有良好的人际关系，总是在众人之中保持着良好的个人口碑，自然他们会拥有成功的人生。所以，如果我们想拥有成功的人生，那么，就从保持微笑开始吧！

有一位在证券交易所上班的先生叫安德森,他给人的感觉总是深沉而严肃,人们很难在他脸上发现一丝笑容。他在这家单位工作了好多年,但不管是新同事还是老同事却没有一个能与他谈得来的。他也没有亲密的朋友。他觉得自己孤独而无聊,而别人则觉得他是个怪人。

他的私人生活更是糟糕得一塌糊涂,与太太结婚十多年,日子过得枯燥而无味,两人见了面从没有一些亲切的招呼,更谈不上亲密无间的感情,甚至有时候就像两个毫不相干的人一样。

他每天下班回家就是机械地吃饭与休息,这么多年来,从他起床到离开家这段时间内,他很难得对自己的太太露出一丝微笑,也很少说上几句话,家里的生活沉闷得让人透不过气来。

一天早晨,他照例洗脸、梳头,开始一天上班前的准备事务。突然,他从镜子里看到自己绷得紧紧的脸孔,深沉得像古老的木乃伊,他吓了一跳,心中开始不安。他想:这张如此古板的面孔谁看了愿意接近呢?他决心改变这种现状,于是他就向自己说:"亲爱的,从今天起你必须要把自己这张深沉得像木乃伊似的面孔放开,换成一张充满微笑的面孔,从这一刻就要开始。"

这时,他的太太照例像往常一样招呼他过去吃早餐,他立刻高兴地回答:"我马上来,亲爱的,谢谢你天天费心为我做早餐。"说着便满脸笑容地走了过去。谁知他的太太却愣住了,半天没反应过来,惊慌的目光在他脸上搜索了足足两分钟,最后终于高兴地说:"哦?亲爱的!今天是不是有喜事要降临了?"安德森有点得意并有点不好意思地对太太说:"是的,亲爱的,以后我们天天都将生活在喜气洋洋的日子里。"

第四章 当你快坚持不住时，再熬一熬

安德森愉快地吃过早饭，便兴冲冲地去上班。走到电梯门口时他微笑着对电梯员说："早上好！"走到公司大门时他又微笑着对年轻的门卫说："早，小伙子。"这样直到走进自己的办公室，他已经与好几个人热情地打过招呼。

此后的每一天，他都是热情而友好，同事们在诧异好奇中慢慢地接受了他并喜欢上了他。不久他就发现每个人见到他时，都向他投来微笑。对那些来向他道"苦经"的人，他以关怀的、诚恳的态度听他们诉苦，而无形中他们所认为苦恼的事变得容易解决了。

为他做助理的是个可爱的年轻人，那年轻人渐渐地对他有了好感。年轻人这样告诉安德森说：自己初来这间办公室时，认为他是一个脾气极坏的人。而最近一段时间来，自己对他的看法已彻底地改变了，他越来越富有人情味了。安德森也觉得自己跟过去已经是两个完全不同的人，成为了一个更快乐、更充实、拥有友谊的人。他说："微笑给我的财富太多了。"

故事中的主人公安德森，他的人生本来是阴沉、严肃而呆板的，只因为自己对镜反思，让自己保持微笑，他的人生发生了翻天覆地的变化，他的家庭关系、同事关系、社会关系、自我心理……都变得格外晴朗愉快，而他付出的仅仅是免费的微笑。

美国的麦克尼尔教授说："面带微笑的人，比起紧绷着脸孔的人，在经营、贩卖以及教育方面，更容易获得效果。微笑比绷紧的脸孔，藏有丰富的情报。"可见，微笑的作用不容忽略，它常常比语言更有感染力。因此，在人际交往中，要想增强别人对我们的好感，让对方接纳我们，就不要吝啬自己的微笑了吧！

得饶人处且饶人

著名的哲学家、文学家泰戈尔曾经说过:"全是理智的心,恰如一柄全是锋刃的刀,它叫使用它的人手上流血。"在这个世界上,没有完全绝对的事情,就像一枚硬币一样具有两面性。这告诫我们做人做事都不要太绝对,要给自己和他人留有余地。在交往中,留余地就是留面子、给台阶,这是避免人际矛盾或人际冲突的最好方法,也是化敌为友、拥有好人缘的做人智慧。

卡耐基先生是美国著名的现代成人教育之父,他的理论影响了美国一代人。卡耐基先生曾经讲过这样一个亲身经历的小故事:

一次,有一个重要的学术演讲需要他出席,走之前,他交代秘书莫莉将演讲稿放进了他的公文包里。演讲开始了,卡耐基先生笑容可掬地从皮包里取出演讲稿,并照着上面的文字读了起来。台下立即爆笑如雷,人们议论纷纷。

卡耐基先生很快反应过来,一定是秘书莫莉将他的演讲稿装错了。之前,卡耐基先生曾在世界各国参加过无数次重要的演讲,但他从未出过像今天这样的洋相。当时他心里十分生气,打算演讲结束后就将秘书莫莉辞退。不过他还是强忍着胸中的怒火,使自己迅速平静下来,幽默地说:"女士们,先生们,刚才只是跟大家开了一个小小的玩笑,下面我们正式进入今天的议题。"尽管没有演讲稿,卡耐基先生的演讲还是非常地成功。

演讲结束后,卡耐基先生回到办公室,秘书莫莉微笑着迎上来说:"卡耐基先生,您今天的演讲一定很成功吧?"

"是的,非常成功,台下掌声不断。"卡耐基先生点点头说。

"那真是祝贺您了!"秘书莫莉高兴地说。

"莫莉,你知道吗?我今天去给人家讲的是'如何摆脱忧郁创造和谐',我从包里取出演讲稿,刚一开口,下面便哄堂大笑。"

"那一定是您讲得太精彩了。"

"的确精彩,我读的是一段如何让奶牛产奶的材料。"说着卡耐基先生将手中的演讲稿递给了秘书莫莉。

秘书莫莉的脸刷地一下红了,低声说:"对不起!卡耐基先生,我太粗心了,这一定让您丢脸了吧。"

"那倒没有,你使我自由发挥得更好,我还得谢谢你呢!"

卡耐基先生的宽容让秘书莫莉无地自容。从那以后,秘书莫莉再也没有犯过类似的错误。

因为秘书莫莉的失误,卡耐基先生险些出丑。他虽然心里很生气,但在秘书莫莉道歉之后就原谅了她,还顺势给了她一个台阶下,让她不至于太尴尬。正是因为这样,秘书莫莉在以后的工作中更加尽心尽责,给了卡耐基先生更大的帮助。无疑,卡耐基先生的这种

做法是惠人利己的策略。可见，在适当的时候给别人一个台阶下，对方一定会把好意记在心里，会因为我们的宽容和善良尽心地帮助我们。

人人都有自尊，如果我们做事做得太绝，就会让别人觉得丢面子，产生不和谐的音符。因此，我们在做事时，应该时刻谨记为他人留有余地，顾全对方的面子，在适当的时候给对方一个台阶下。正所谓得饶人处且饶人，我们如果做事情的时候可以坚持这个原则，一定可以交到真心的朋友，赢得他人的尊重。

美国经济大萧条时期，18岁的女孩曼莎好不容易才找到一份在一家高级珠宝店当售货员的工作。虽然不是什么特别好的工作，但已是非常难得了，所以，曼莎分外珍惜这个机会。

一天，曼莎在整理戒指时，瞥见另一边柜台前站着一个男人，高个头，白皮肤，年龄大约30岁。但他脸上的表情吓了曼莎一跳，这几乎就是这不幸年代的贫民缩影：一脸的悲伤、愤怒、惶惑，好像一只掉进陷阱中的野兽；剪裁得体的法兰绒服装已经褴褛不堪，诉说着主人的遭遇；他用一种企盼而绝望的眼神，盯着那些珠宝。

曼莎向他打招呼时，男子不自然地笑了一下，目光从曼莎的脸上慌忙躲闪开，仿佛在说：你不用理我，我只是看看。

曼莎的心中因同情而涌起一股莫名的悲伤，这时电话铃响了，曼莎急忙去接电话。当她急急忙忙跑出来时，衣袖碰落了一个装着戒指的托盘，6枚精美无比的钻石戒指滚落到地上。曼莎慌忙四处寻找，捡起了其中的5枚，而第6枚却怎么也找不到。

曼莎想，一定是滚落到橱窗的夹缝里，就跑过去细细搜寻。没有！她突然瞥见那个高个男子正向出口走去。顿时，曼莎知道戒指在哪儿了。托盘打翻的一刹那，他正好在场！

当男子的手将要触及门把时，曼莎柔声叫住了他："对不起，先生！"那男子转过身来，两人相视无言，足足过了有一分钟。"什么事？"他问，脸上的肌肉在抽搐。

曼莎深知在这个社会上生存有多么艰辛，还能想象得出这个可怜人是以怎样的心情看待这个社会：一些人在购买奢侈品，而他却食不果腹。同时他也怕万一这个男人耍赖怎么办。她想了一会，笑着对他说："先生，这是我的第一份工作，现在找个事做很难，不是吗？"

男子久久地审视着她，终于，一丝柔和的微笑也浮现在他的脸上。"是的，的确如此。"他回答，"但是我能肯定，你一定会干好这份工作。"停了一下，他向前一步，把手伸给了曼莎："我可以为你祝福吗？"

曼莎也立刻伸出手，两只手紧紧地握在一起。她用低低的但十分柔和的声音说："也祝你好运！"

男子转过身，慢慢走了出去，曼莎目送他的身影渐渐远去，转身来到柜台，把手中握着的第 6 枚戒指放回原处。

这个故事告诉我们：金无足赤，人无完人。没有人能做到不犯错误，谁都有可能陷入尴尬的境地。这个时候，如果我们像曼莎那样给对方一个台阶，让别人走出尴尬的境地，其结果将皆大欢喜。

在人际交往中，我们办事都要做到留有余地，千万不要把事情做绝，这样自己才会行不至于绝处、言不至于极端，有进有退、收

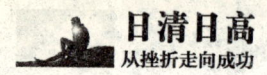

放自如，以便日后能机动灵活地处理事务，解决复杂多变的问题。同时也要懂得给别人留有余地，不论我们在什么样的情况下，都不要把别人往绝路上推。如果能够做到这一点，既可以帮助别人，也有助于我们的人际关系。

忍一时风平浪静，退一步海阔天空

人生在世，不论个人还是集体，只要相互打交道，发生争执与摩擦便是必不可免的事情。在这种情况下，只要稍微容退一步，大事便会化小，小事便会化无。如果彼此双方冤冤相报，心中总是装着仇恨，那么他们只能整日生活在相互埋怨之中。若长期这样，人们满脑子想的只有没完没了的仇恨，从而陷入无休止的烦恼之中。因此，在矛盾产生时，我们有必要稍微退让一下。

杨玢是宋朝时的尚书，年纪大了，便退休在家，无忧无虑地安度晚年。他家住宅宽敞、舒适，家族人丁兴旺。

有一天，他在书桌旁，正要拿起《庄子》来读，他的几个侄子跑进来，满脸的怒气，并且大声说："不好了，我们家的旧宅被邻居侵占了一大半，不能饶他！"

杨玢听后，问："不要急，慢慢说。他们家侵占了我们家的旧宅地？"

"是的。"侄子们回答。

杨玢问:"他们家的宅子大,还是我们家的宅子大?"

侄子们不知其意,说:"当然是我们家的宅子大。"

杨玢又问:"他们占些旧宅地,于我们有大的影响吗?"

侄子们说:"没有什么大的影响。虽无影响,但他们不讲理,就不应该放过他们!"

杨玢笑了。过了一会儿,杨玢指着窗外的落叶,问他们:"那树叶长在树上时,那枝条是属于它的。秋天树叶枯黄了落在地上,这时树叶怎么想?"他们不明白含义。杨玢干脆说:"我这么大岁数,总有一天要死的,你们也有老的一天,也有要死的一天。争那一点点宅地对你们有什么用?"

虽然侄子们明白了杨玢讲的道理,但还是说道:"我们原本要告他们,状子都写好了。"

侄子们呈上状子,杨玢看后,拿起笔在状子上写了四句话:"四邻侵我我从伊,毕竟须思未有时。试上含光殿基望,秋风秋草正离离。"写罢,他再次对侄子们说:"我的意思是在私利上要看透一些,遇事都要退一步,不必斤斤计较。"

对于自己想要的东西,更多人选取了"争"的方式,其结果是即使勉强得到,双方也都会因此动怒,最后还会闹得个头破血流、两败俱伤。其实只要其中一方稍做让步,一个海阔天空的局面便立现眼前。故事中的杨玢因为懂得这个道理,所以他的生活就会多一份和谐快乐,少一些纷乱恼怒,自然跟邻里的关系也就和睦。

在人际交往中,人与人之间常会发生矛盾,但有些矛盾是可以避免的。只要我们对别人多一些理解,多一步退让,那么彼此就能

第四章 当你快坚持不住时,再熬一熬

和谐相处。

从前有个人,自幼博学多才,是乡里人人共知的绅士。

有一天,这个人想起来有一个诗会要参加,便急匆匆地出门。去举办诗会的那个地方有一个必须经过的独木桥。刚好这天是逢集,来赶集的人都要从这座独木桥上经过。

刚到独木桥边,见有一老婆婆正从对面上桥,他一想自己是绅士,不能没风度地叫老婆婆让他先过,于是就礼貌地让老婆婆先过桥。老婆婆过来以后他还很绅士地向她微微一笑,老婆婆夸他真不愧是大家公认的绅士,他心里美滋滋的。

见老婆婆过了桥他又准备过桥了,恰巧这时他看到有一个孕妇已经在那头上了桥,尽管心里有些不乐意,但还是很礼貌地让孕妇先过了。孕妇过桥以后也夸赞他有风度,他也是对那孕妇报之一笑,以示风度。

他看了看日头,时间是迫在眉睫了,于是低着头就直往桥上冲。走到桥的一半,却与迎面而来的樵夫撞了个满怀。他有些生气了,但为了保持他的绅士风度,还是强忍着怒火,礼貌地对那樵夫说:"请让我先过去吧。"樵夫不乐意地回答:"你没看见我这肩膀上扛着很重的柴火吗?为什么你不让我先过呢?"绅士也急了:"你这个没文化的粗人!赶快让我过去!我要赶着去参加诗会!"樵夫并没有要让他过去的意思:"就你的时间要紧啊,你不知道今天是赶集吗?要是去迟了,我这担柴火还卖给谁?我一家老小吃什么?你以为像你们这些自视清高的文人写诗做文章就有饭吃了吗?"

二人就这样喋喋不休地吵了个没完。绅士一看参加诗会的时间

早过了,索性也就赖在桥上了。樵夫心里盘算着,就算此时过桥,那些买柴火的人也早走了,你赖在这里我也不会让你。任凭后面赶着要过桥的人怎么劝说,他们就是不让,就这样僵持着,偶尔争吵几句。

这时,桥下漂来一叶小舟,小舟上坐着一位神态悠然的老和尚。绅士赶紧叫住了那和尚:"老师父,请慢行,您来给我评评理。"和尚问是怎么回事,樵夫和绅士都理直气壮地把事情的经过说了一遍。

老和尚向樵夫问道:"你这担柴火能卖多少钱?""如果去得早,能顺利地全卖完的话,可卖十文。"樵夫回答。老和尚继续问道:"那现在若是让你先过桥,你这担柴火还能卖完吗?"樵夫听他这么一问更来气了:"被他这么一挡,市集早散了,我还卖给谁?"这时老和尚不慌不忙地说:"既然如此,你为什么一开始不让这位绅士先过桥呢?这样一来,他可以按时去参加诗会,而你也可以顺利把柴火卖完了。"樵夫被问住了,无言以对地低下头。

绅士见樵夫被问住了,心中暗喜,以为老和尚是帮着他说话的。绅士还没乐完,老和尚又开口问他了:"你的诗会很重要是吗?""当然,对于我们这些读书人来说,诗会是非常重要的,况且今天的诗会我是主角!"绅士得意地说道。老和尚又继续问道:"既然它对你那么重要,你为什么不让这位樵夫大哥先过去,这样你便可以在诗会上展现自己了,更何况谦让应该是你们这些读书人必备的品行呢。"绅士没想到老和尚会这样说他,有些急了:"可是在这个樵夫之前我已经让了两个人了,凭什么还要我让他!"老和尚笑笑,说道:"既然此前你都让了两个人了,那么你就不能再多让一个人吗?"

这下绅士被彻底问住了，顿时脸红到了脖子，他没有再反驳一句。

老和尚最后给他们留了一句话飘然而去："年轻人啊，给别人让路的同时也是在给自己让路啊。"

绅士急着去参加诗会，在过独木桥的时候先后为老妇人和孕妇让路，得到了大家的赞扬，他心里很舒服。第三次来了一个樵夫，他觉得樵夫应该给自己让路，而樵夫赶着去卖柴，于是两个人互不相让便争执起来，僵持之下，最后两人都耽误了自己的正事。其实，两人发生争执，只要其中的一个人能够退一步、让一下，那么争执必定会很快平息。俗话说，得饶人处且饶人。我们在饶人的同时，也成全了我们自己。

在人际交往中，当我们跟他人产生争执时，当我们跟他人发生矛盾时，我们要想到主动地退让一步。"忍一时风平浪静，退一步海阔天空"，也只有退一步，才能抓住战机，化被动为主动，使局势峰回路转，达到"柳暗花明又一村"的境地。同样，也只有退一步，我们的人际关系才会更加和谐，才能收获更多的朋友。

第五章
成为更好的自己,迎接远道而来的你

失败者之所以失败,往往是因为被前进道路上的迷雾遮住了眼睛,他们不懂得坚持一下,不懂得再朝前跨越一步,前方的道路就会豁然宽广,希望的灯标又会熠熠闪烁。结果,他们在距离成功之前的那一刻,颓然倒下了。其实,这是自己打败了自己,因而也就失去了应有的荣誉。而只有坚强毅力和执着信念的人,才能书写精彩人生。

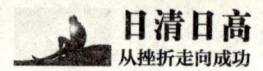

明确目标和方向

英国有句谚语说得好:"对一艘盲目航行的船来说,任何方向都是逆风。"目标是我们行动的依据。没有目标的人,就像失去航向的船,不论黑夜与白天都只会盲目漂泊,终有一刻会沉入海底。很多时候,成功除了勇往直前、坚持不懈以外,更需要的是一个前行的方向。有了明确的目标和正确的方向,成功一定会来得比想象的更快、更容易。

每年吸引数以万计旅游者的比塞尔,是西撒哈拉沙漠中的一颗明珠。在成为旅游胜地之前,它只是沙漠中一片绿洲上的一座小村庄。当地的村民曾多次试图离开这块贫瘠的土地,可是让他们失望的是无论走向哪个方向,他们最后都回到了出发的地方。

1976年,英国皇家科学院院士肯·莱文,带着极大的兴趣来到了这里,他想看看到底是什么原因让比塞尔人一直走不出这个沙漠的村庄。他把指南针等设备收了起来,雇用了一个叫阿古特尔的比塞尔人,让他带路。他们准备了足够半个月喝的水,牵上两匹骆驼,一前一后上路了。10 天后，呈现在他们面前的是那座熟悉的村庄——他们果然回到了原地。

肯·莱文终于明白，比塞尔人之所以走不出大沙漠，是因为他们不认识北斗星，也没有指南针。在缺少方向指引的情况下，比塞尔人在一望无际的沙漠里凭着感觉往前走，最终走出了许多大小不一的圆圈，不得不一次次折回到出发的地方。当肯·莱文拿出指南针后，他们很快就走出了沙漠。

肯·莱文教会了阿古特尔认识北斗星，并告诉他，只要你白天休息，夜晚朝着北面那颗星走，就能走出沙漠。阿古特尔照着去做，果然很快走到了大漠的边缘。

阿古特尔因此成为比塞尔的开拓者，他的铜像被竖在小城的中央。铜像的底座上刻着一行字：新生活是从选定方向开始的。

爱迪生说："首先你要有一个目标，不管什么目标，只要你大脑可以想到的东西都可以作为目标，都可以创造出来。因为我相信，人可以创造出自己能够想到的任何东西。然后，你要有实现目标的欲望。不管你要实现什么目标，你都一定要有将其创造出来的欲望。"

任何一个人的成功之路，都不会是笔直的，都要走些弯路，都要付出代价。当你朝着梦想之路走时，难免会遭遇挫折，然而不要被它们打倒。只有明确目标，紧握梦想，不畏艰难，坚持走下去，才会看到希望，才会一步步靠近自己的梦想。这其实就是成功的法则。

爱因斯坦是 20 世纪世界公认的伟大的物理学家。他之所以能够取得如此令人瞩目的成绩,和他一生具有明确的奋斗目标是分不开的。

他出生在德国一个贫苦的犹太人家庭。家庭经济条件不好,加上自己小学、中学的学习成绩平平,虽然有志于科学研究,但他有自知之明,知道必须量力而行。他进行自我分析:自己虽然总的成绩平平,但对物理和数学有兴趣,成绩较好。自己只有在物理和数学方面确立目标才能有出路,其他方面是不及别人的。因而他读大学时选读瑞士苏黎世联邦理工学院物理学专业。

由于目标选得准确,爱因斯坦的个人潜能得以充分发挥。他在26岁时就发表了科研论文《分子尺度的新测定》,以后几年他又相继发表了四篇重要科学论文,发展了普朗克的量子概念,提出了光量子除了有波的性状外,还具有粒子的特性,圆满地解释了光电效应,宣告狭义相对论的建立和人类对宇宙认识的重大变革,取得了前人未有的显著成就。可见,爱因斯坦确立目标的重要性。假如他当年把自己的目标确立在文学上或音乐上(他曾是音乐爱好者),恐怕就难以取得像在物理学上那么辉煌的成就。

为了防止把时间浪费在一些无关紧要的事情上,爱因斯坦善于根据目标的需要进行学习,使有限的精力得到了充分的利用。他创造了高效率的定向选学法,即在学习中找出能把自己的知识引导到深处的东西,抛弃使自己头脑负担过重和会把自己诱离要点的一切东西,从而使他集中力量和智慧攻克选定的目标。他曾说过:"我看到数学分成许多专门领域,每个领域都能浪费我们短暂的一生。诚然,物理学也分成了各个领域,其中每个领域都能吞噬一个人短暂的一生。在这个领域里，我不久学会了识别出那种能导致深化知识的东西，而把其他许多东西撇开不管，把许多充塞脑袋并使其偏离主要目标的东西撇开不管。"他就是这样指导自己的学习的。

为了阐明相对论，他专门选学了非欧几何知识，这种定向选学法，使他的立论工作得以顺利进行和正确完成。

如果他没有意向创立相对论，是不会在那个时间学习非欧几何的。如果那时候他无目的地涉猎各门数学知识，相对论也未必能这么快就产生。爱因斯坦正是在十多年时间内专心致志地攻读与自己的目标相关的书籍和研究相关的目标，终于在光电效应理论、布朗运动和狭义相对论三个不同领域取得了重大突破。

生活中有很多人，他们并不缺乏智慧，也不缺乏机遇，他们没有获得成功，是因为他们没有明确的奋斗目标。如果一个人没有目标，就只能在人生的旅途上徘徊，永远到达不了任何地方。找准方向是成功的基础，许多时候，仅有热情和努力是远远不够的，更重要的是要选准成功的方向。只要朝着明确的方向努力，就一定会走出荒漠，找到希望的绿洲。

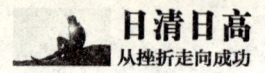

小成绩成就大事业

对于一个想成功的人来说，没有一件事情是小事情。鲁迅曾说："巨大的建筑，总是由一木一石叠起来的，我们何妨做做这一木一石呢？我时常做些零碎事，就是为此。"伟人们常常对小事或平凡处非常重视，因为他们非常清楚，无论什么惊天动地的创举，都是由很小的事情开始的。一些看似无谓的选择其实是奠定我们一生重大抉择的基础。所以，我们要时刻牢记，不要轻视看似卑微细小的东西。

小事是构成大事的必要条件，大事是小事积累的必然结果，没有小就难成其大。很多人不屑于从小事做起，是因为他们根本没有意识到小事的真正意义，脑子里的想法总是脱离实际。但其实，每一件小事都是不简单的，都需要学问和技巧，都可以锻炼人、提高人，都大有用武之地，都有着无限光明的前途。只要我们用心去做，哪怕只做一件小事，最后也能成就一番大业。

米勒的演员梦，源于小时候的一次演出。大学毕业后，米勒去好莱坞寻梦，加入了福克斯公司。起初，他满怀期待，以为这里就

第五章 成为更好的自己，迎接远道而来的你

是梦想起航的地方。但是没多久，残酷的现实就给了他当头一棒，在明星云集的好莱坞，像他这样的新人遍地都是，他甚至连出镜的机会都没有。

米勒在公司身兼数职，一天到晚忙得不可开交，接电话、复印、传真、给明星买零食、帮老板买午餐……除了演戏，他几乎什么事情都干过，跑腿打杂样样有份。他每天只有一项稳定的工作——遛狗！有些明星会带着宠物狗来上班，主人忙的时候，往往没有时间照看爱犬，于是他就有了用武之地，牵着狗出去散步。这项工作虽然有点滑稽，却并不轻松，有时狗会生病拉肚子，他必须给狗戴上纸尿片，确保不让狗弄脏豪华地毯。

现实离梦想很远，但是米勒并没有抱怨，既然拿了薪水就要干活。他依旧尽心尽责，踏踏实实，每件小事都当成大事办，力求完美。渐渐地，他在公司获得了良好的人缘，大家都对这个诚恳的年轻人心生好感，别人也愿意放心地把狗交给他。他从未放弃梦想，只是在耐心等待机会。

几年后，米勒终于迎来了一次重大机会，在一部电影中出演一名拳击手。为了演好这个角色，他做了最充分的准备，并参加了6个月的拳击训练。功夫不负有心人，他的表演很成功，获得了一致认可。这是一部大制作，有妮可·基德曼等著名演员加盟，而且在许多电影节上获奖。对于新人而言，这简直是梦幻般的开局，能为他带来足够的人气和知名度。米勒踌躇满志，信心百倍，似乎看见成功的大门正在徐徐开启。

出乎意料的是，这部大制作并未给他带来半点机会，此后两年

内,他没有接到任何片约,主要工作依然是遛狗。满怀期待,结果空欢喜一场,命运跟他开了个不大不小的玩笑。

漫长的等待之后,终于又有人找米勒拍电影了,不过这次是小制作,名副其实的小制作,只有10分钟长的小电影。小就小点吧,好歹也是电影,可是看完剧本之后,米勒不禁大失所望。导演想让他演囚犯,然后因为感情问题,他还要从监狱中逃出来。米勒觉得这个角色不适合自己,而且他也不愿意演囚犯,怕自毁形象。但是思前想后,他还是勉强答应了。因为他只有两个选择,要么演囚犯,要么继续遛狗。

就像米勒事先预料的那样,这部只有10分钟的小电影,根本不会产生任何影响。不料一个月之后,福克斯公司忽然通知米勒去试镜,这是一部即将开拍的电视剧,剧中的男主角是一名囚犯,讲的是他如何逃出监狱的故事。因为米勒刚刚演过囚犯,演得还不错,所以剧组想到了他。既然是试镜,肯定会有许多候选人参加,米勒只不过是其中之一。经历了上次的失落,他的心态已经平和了许多,并未抱太大希望。

在摄影棚试镜时,屋子里满满地坐了好几十个人,黑压压一大片,个个表情严肃,男主角的人选将由这些人决定。米勒作为新人去试镜,面对那么多挑剔的目光,心里却一点儿也不紧张,发挥自如。虽然他们都是公司高层或者著名明星,但在米勒眼里,既不神秘也不陌生,就像老朋友见面那么自然。因为在这些人当中,有叫他接过传真的,有经常叫他帮忙买零食的,当然还有不少人的爱犬早就跟米勒建立了深厚的友谊。实力、运气、人缘,在这一刻,米

第五章　成为更好的自己，迎接远道而来的你

勒都具备了，结果可想而知。

这部美国电视剧叫《越狱》，他就是风靡全球的"米帅"，温特沃什·米勒，在剧中饰演男主角迈克。可以看出，没有一项工作是卑微的，眼下极不起眼的一小步，兴许就是通往巅峰的起点。

海尔总裁张瑞敏说："什么是不简单，把一件简单的事情做好就是不简单；什么是不平凡，把每一件平凡的事情做好就是不平凡。"成功没有捷径可言，只能脚踏实地，一步一步地前进。再精巧的木匠也造不出没有根基的空中楼阁，任何伟大的事业都是由无数具体的、微小的、平凡的工作积累的，不愿意干小事的人，很难成就大事业。只有做好每一件小事，才会取得比别人更丰厚的成绩，才能做好大事，承担起更大的责任。

日本东京贸易公司有一位专门为客户订票的助理，经常给德国一家公司的商务经理预订往来于东京和大阪之间的火车票。有一次，这位细心的德国经理发现了一件看似巧合的事情：每次去大阪时，座位总是在列车右边的窗口，返回东京时又总是靠左边的窗口。他对此非常不解。

有一回，这位德国经理找到了那位订票的助理，问她为什么会出现那样的状况。助理告诉他说："火车去大阪时，富士山在你的右边；火车返回东京时，它则在你的左边。我想，外国人都喜欢日本富士山的景色，所以每次我都替你买了不同位置的车票。"

这位德国经理听了助理的解释，深受感动，于是接下来把与这家公司的贸易额由原来的400万欧元提高到了1000万欧元。后来，那位助理也被公司提升为票务部的经理。

在生活中，每个人都盼望机遇能够降临到自己头上，总是希望通过机会让自己得到成长和发展，最终实现心中美好的愿望。殊不知，机遇往往就隐藏在那些不起眼的小事当中，对于那些没有注重做小事的人来说，机遇只会与他们擦肩而过。只有那些注重小事的人，才能从中发现机会，主动把握机会，一步一步实现自己的豪情壮志。

"不积跬步，无以至千里；不积细流，无以成江海。""合抱之木，生于毫末；九层之台，起于累土；千里之行，始于足下。"一个人日常所做的事情，常常都是一些小事，往往与我们所期待的理想相距太远。不过，正是这种小事累积起来的经验和知识，可以作为我们迈向下一个阶段的基础。我们不断地从每一件小事中取得一点点"小成绩"，如果我们长期坚持，这些"小成绩"就会逐渐扩大，变成大成就。

坚持不懈,永不放弃

所谓"水滴石穿,绳锯木断",非一日之功。当你用你的耐心,不断重复做一件事的时候,也许一开始看不到明显的效果,但是日积月累之后,你就会发现,身边不如意的状况在不知不觉中得到了改善。如果你想成功,千万别忘记,只有在树立坚忍不拔信心的基础上,再配合灵活使用的方法,才能与成功越来越接近。

全国著名的推销大师即将告别他的推销生涯,应行业协会和社会各界的邀请,他将在该城中最大的体育馆作告别职业生涯的演说。

那天,会场座无虚席,人们在热切而焦急地等待着这位当代最伟大的推销员作精彩的演讲。大幕徐徐拉开,舞台的正中央吊着一个巨大的铁球。为了这个铁球,台上搭起了高大的铁架。

一位老者在人们热烈的掌声中走了出来,站在铁架的一边。他穿着一件红色的运动服,脚下是一双白色胶鞋。人们惊奇地望着他,不知道他要做出什么举动。

这时两位工作人员抬着一个大铁锤,放在老者的面前。主持人这时对观众说:"请两位身体强壮的人到台上来。"好多年轻人站起来,转眼间已有两名动作快的跑到台上。

老人这时开口和他们讲规则,请他们用大铁锤去敲打那个吊着的铁球,直到使它荡起来。一个年轻人抢着拿起铁锤,拉开架势,抡起大锤,全力向那吊着的铁球砸去,一声震耳的响声,那吊球动也没动。他就用大铁锤接二连三地砸向吊球,很快就气喘吁吁。

另一个人也不示弱,接过大铁锤把吊球打得叮当响,可是铁球仍旧一动不动。台下逐渐没了呐喊声,观众好像认定那是没用的,就等着老人做出什么解释。

会场恢复了平静,老人从上衣口袋里掏出一个小锤,然后认真地面对着那个巨大的铁球。他用小锤对着铁球"咚"地敲了一下,然后停顿一下,再一次用小锤"咚"地敲了一下。人们奇怪地看着,老人就那样"咚"地敲一下,然后停顿一下,这样持续地敲着。

10分钟过去了,20分钟过去了,会场早已开始骚动,有的人干脆叫骂起来,人们用各种声音和动作发泄着他们的不满。老人仍然一锤一停地工作着,好像根本没有听见人们在喊叫什么。人们开始愤然离去,会场上出现了大块大块的空缺。留下来的人们好像也喊累了,会场渐渐地安静下来。

大概在老人进行到40分钟的时候,坐在前面的一个妇女突然尖叫一声:"球动了!"霎那间会场鸦雀无声,人们聚精会神地看着那个铁球。那球以很小的摆度动了起来,不仔细看很难察觉。老人仍旧一小锤一小锤地敲着,人们好像都听到了那小锤敲打吊球的声响。吊球在老人一锤一锤的敲打中越荡越高,它拉动着那个铁架子"哐、哐"作响,它的巨大威力强烈地震撼着在场的每一个人。

场上终于爆发出一阵阵热烈的掌声,掌声中,老人转过身来,慢慢地把那把小锤揣进兜里。

老人终于开口讲话了,只有一句:"在成功的道路上,你没有耐心去等待成功的到来,那么,你只好用一生的耐心去面对失败。"

成功之道并不神秘,只有四个字——熟能生巧。任何伟大的事业都有一个微不足道的开始,成功并不难,就是简单的事情重复做,你也可以。

苏格拉底是古希腊著名的哲学家、教育家,他在教育学生方面很有方法。

一次,他收了一些新学生,于是就给这批学生们提了一个要求:高高地举起双手,再用力向后甩,就这样每天都坚持甩手300下。然后,苏格拉底给学生们做了示范,告诉他们应该怎样甩手,并且叫学生们也学他的这个样子甩,一直到所有的学生都会做这个动作了他才罢休。

后来,他问他的学生们,能不能做到他要求的每天甩手300下?

学生们都异口同声地回答:"我们一定能坚持!"

苏格拉底听着同学们底气十足的声音,满意地笑了。

一个月过后,苏格拉底在一次上课的时候忽然问道:"有谁还在坚持我的作业,每天甩手300下?"

同学们都愣了一愣,很多同学显然都已经忘记这件事了,一会儿之后,有三分之一的人举起了手。

苏格拉底那次之后很久没有再提起甩手的事，好像他已经忘了那件事一样。但是一年之后，他忽然又问道："还有谁在坚持我的那个每天甩手300下的作业？"

同学们又是一愣，这次举手的同学已经不足十分之一。苏格拉底既没有表扬那些坚持的同学，也没有批评那些不坚持的同学，他只是像前两次一样笑了笑，然后就绝口不提这件事。

三年的时间一转眼就过去了，马上就到了这批同学毕业的时间。苏格拉底在他们毕业之前又问了一次："还有谁在坚持做那个每天甩手300下的作业？"

这一次，苏格拉底环视四周，发现只有一个人举手了，那个人就是柏拉图。

苏格拉底知道，柏拉图日后必成大器。果然，柏拉图成为了古希腊著名的哲学家。西方有个学者是这样赞美柏拉图的，他说："西方两千多年来的哲学都是围绕着柏拉图展开的。"

苏格拉底是有名的哲学家、教育家，他教育了这么多弟子，但是成名的为什么只有柏拉图呢？正因为柏拉图有着过人的毅力，能够坚持到最后，所以才会成功！

人人都渴望成功，人人都想得到成功的秘诀，然而成功并非唾手可得。我们常常忘记，即使最简单的事情，如果不能坚持下去，成功的大门也不会轻易地开启。除了坚持不懈，永不放弃，成功并没有其他的秘诀。

第五章　成为更好的自己，迎接远道而来的你

贵在持之以恒

当我们开始做一件事情的时候，需要的是决心与热情；而我们想要完成一件事情的时候，需要的则是恒心与毅力。一个人若没有恒心与毅力，就不可能达到预定目标。恒心是一种非常可贵的品质，需要在生活的风雨中练就，需要每一个人重视。正如鲁迅所说："做一件事，无论大小，倘无恒心，是很不好的。"

唐代伟大的诗人李白，自幼便开始涉猎一些经书和史书，但那些书的内容非常深奥，一时之间读不懂，他觉得十分枯燥乏味，于是就经常丢下书，出去玩耍。

有一天，李白在玩耍的时候，看见路边有一位老婆婆手里拿着一根很粗的铁棒，正在磨刀石上一下一下地磨着。那位老婆婆磨得非常专注，因此没有觉察到李白来了。

李白不知道老婆婆在做什么，于是好奇地问："老婆婆，你在做什么？"

"磨针。"老婆婆头也没抬，依然认真地磨着手里的铁棒。

李白觉得不可思议，老婆婆手里拿的明明是一根粗铁棒，怎么会是针呢？于是他又忍不住问道："老婆婆，针是非常非常细小的，现在您磨的是一根粗大的铁棒呀！"

老婆婆边磨边说："我正是要把这根铁棒磨成细小的针。"

"什么？"李白太过意外，脱口问道，"这么粗大的铁棒能磨成针吗？"

这时候，老婆婆抬起头来，慈祥地看着李白，对他说："是的，铁棒又粗又大，要把它磨成针是很困难的。可是我每天不停地磨呀磨，总有一天，我会把它磨成针的。孩子，只要功夫下得深，铁棒也能磨成针！"

李白本就是个悟性极高的孩子，听了老婆婆的话，心里突然明白了：做事情只要有恒心，天天坚持去做，什么事都能做成的。读书也是这样，虽然有不懂的地方，但只要坚持多读，天天读，总会读懂的。

想明白了这些，李白就回到了家里，继续阅读那些深奥的书籍。后来，李白成为了一名伟大的诗人。

做事要有恒心，必须具有坚忍不拔的毅力。俗话说："吃得苦中苦，方为人上人。"李白正是有了恒心，才有了日后的成就。

现实生活中，很多人做事都是"虎头蛇尾"，总是有始无终、半途而废。他们之所以没有取得成就，不是因为他们缺乏能力，而是缺乏一种坚持不懈的精神。《荀子·劝学》中说："骐骥一跃，不能十步；驽马十驾，功在不舍。锲而舍之，朽木不折；锲而不舍，金石可镂。"人做事应该有持之以恒的毅力，有坚持达到目的的决心，

第五章　成为更好的自己，迎接远道而来的你

这就是恒心。

希拉斯·菲尔德先生退休时已经积攒了一大笔钱，然而，这时他又突发奇想，想在大西洋的海底铺设一条连接欧洲和美国的电缆。

随后，他就全身心地开始推动这项事业。前期基础性工作包括建造一条1000英里长（1英里约合1.6千米），从纽约到加拿大纽芬兰圣约翰斯的电报线路。纽芬兰400英里长的电缆线路要从人迹罕至的森林中穿过，所以，要完成这项工作不仅需建一条电报线路，还包括建同样长的一条公路。此外，还包括穿越布雷顿角全岛共440英里长的线路，再加上铺设跨越圣劳伦斯湾的电缆，整个工程十分浩大。

菲尔德使尽浑身解数，总算从英国政府那里得到了资助。然而，他的方案在议会遭到强烈的反对。随后，菲尔德的铺设工作就开始了。电缆一头搁在停泊于塞巴托波尔港的英国旗舰"阿伽门农"号上，另一头放在美国海军新造的豪华护卫舰"尼亚加拉"号上。不过，就在电缆铺设到5英里的时候，它突然卷到了机器里面，被弄断了。

菲尔德不灰心，进行了第二次试验。在这次试验中，在铺到200英里长的时候，电流突然中断了，船上的人们在船板上焦急地踱来踱去，好像死神就要降临一样。就在菲尔德即将命令割断电缆、放弃这次试验时，电流突然又神奇地出现了，一如它神奇地消失一样。夜间，船以每小时4英里的速度缓缓航行，电缆的铺设也以每小时4英里的速度进行。这时，轮船突然发生一次严重倾斜，制动器紧急制动，不巧又割断了电缆。

日清日高
从挫折走向成功

但菲尔德并不是一个容易放弃的人。他又订购了700英里的电缆，而且，还聘请了一个专家，请他设计一台更好的机器，以完成铺设任务。最后，英美两国的发明家联手，才把机器赶制出来。最终，两艘船继续航行，一艘驶向爱尔兰，另一艘驶向纽芬兰。两船分开不到13英里，电缆又断开了。再次接上后，两船继续航行，到了相隔8英里的时候，电流又没有了。电缆第三次接上后，铺了200英里，在距离"阿伽门农"号20英尺（约6米）处又断开了，两艘船最后不得不返回爱尔兰海岸。

很多参与此事的人都泄了气，公众舆论都对此流露出怀疑的态度，投资者也对这一项目没有了信心，不愿再投资。这时候，如果不是菲尔德具有百折不挠的精神和天才的说服力，这一项目很可能就此搁浅了。菲尔德继续为此日夜操劳，甚至到了废寝忘食的地步，他绝不甘心失败。

于是，第四次尝试又开始了。这次总算一切顺利，全部电缆铺设完毕，而没有任何中断，铺设的消息也通过这条漫长的海底电缆发送了出去。一切似乎就要大功告成了，但突然电流又中断了。

所有这一切困难都没吓倒菲尔德。他又组建了一个新公司，继续从事该项工作，而且制造出了一种性能远优于普通电缆的新型电缆。1866年7月13日，新一次试验又开始了，并顺利接通电缆，发出了第一份横跨大西洋的电报！电报内容是："7月27日，我们晚上九点到达目的地，一切顺利。感谢上帝！电缆都铺好了，运行完全正常。希拉斯·菲尔德。"

由此可见，成功更多依赖的是人的恒心与忍耐力，而不仅仅是他的天赋或朋友的支持,以及各种有利条件的配合。天才的力量总比不上勤奋工作、含辛茹苦的力量。才华固然是我们所渴望的,但恒心与忍耐力更让我们感动。

在人生的舞台,困难与挫折不可避免,选好坐标点,走好人生路,除了需要洞察时世的智慧,还需要坚持、再坚持的勇气和力量,成功往往取决于最后一步。无论做什么事情,贵在恒心。

不抛弃，不放弃

古往今来，多少人有着伟大的理想，多少人为了理想而奋斗向前。但是，为什么到了最后却只有少数人才能够永留史册？是付出的心血、时间不够多吗？不是的，他们所欠缺的只是一份坚持，一次距离成功只差一步之遥却再也无法迈向成功的尝试。所以，既然试一次没有成功，那就再试一次，直到成功为止！

1863年冬天的一个上午，凡尔纳刚吃过早饭，正准备到邮局去。突然，听到一阵敲门声，开门一看，原来是一位邮政工人，他把一包鼓鼓囊囊的邮件递到了凡尔纳的手里。一看到这样的邮件，凡尔纳就预感到不妙。自从他几个月前把他的第一部科幻小说《乘气球五周记》寄到各出版社后，收到这样的邮件已经有14次了。他怀着忐忑不安的心情折开一看，上面写道："凡尔纳先生：尊稿经我们审读后，不拟刊用，特此奉还。某某出版社。"每看到这样一封退稿信，凡尔纳心里都是一阵绞痛，这是第15次了，还是未被采用。

凡尔纳灰心丧气地发誓，从此再也不写小说了。他拿起手稿向

第五章 成为更好的自己,迎接远道而来的你

壁炉走去,准备把这些稿子都付之一炬。凡尔纳的妻子赶过来一把抢过手稿紧紧抱在胸前。此时的凡尔纳余怒未息,说什么也要把稿子烧掉。他的妻子急中生智,以满怀关切的语气安慰丈夫:"亲爱的,不要灰心,再试一次吧,也许这次能交上好运呢。"听了这句话以后,凡尔纳抢夺稿件的手,慢慢放下了。他沉默了好一会儿,然后接受了妻子的劝告,又抱起这一大包手稿到了第16家出版社去碰碰运气。这次没有落空,读完手稿后,这家出版社立即决定出版此书,并与凡尔纳签订了20年的出书合同。

没有妻子的疏导,凡尔纳也许就会放弃希望,就不会有再努力一次的勇气,那么我们也许根本无法读到凡尔纳笔下那些脍炙人口的科幻故事,人类就会失去一份珍贵的精神财富。

在我们的一生中,遭遇挫折是在所难免的,但是当我们面对挫折的时候,最重要的不是逃避挫折,而是要在挫折面前采取积极进取的态度。要知道,挫折和失败并不可怕,可怕的是在面对挫折和失败的时候选择了放弃。成功总是出现在我们放弃之后的下一秒的。因此,我们要学会坚持,不要放弃希望,坚持到最后一秒。这世界上没有永远的失败,只要我们一直努力,成功最终会青睐我们的。

松下幸之助是日本松下电器公司前总裁,也是世界著名企业家。他年轻时家庭生活贫困,全家人都靠他一个人养活,他总想找到一份薪水较好的工作。

有一次,松下到一家较有名的电器工厂去谋职。他走进这家工厂的人事部,向一位负责人说明了来意,请求给安排一个哪怕是最低下的工作。可是这位负责人看到松下幸之助衣衫褴褛,又瘦又小,

觉得很不理想，但又不能直说，只好找了一个理由对他说："我们现在暂时不缺人，你一个月后再来看看吧。"

这本来就是个借口，但没想到一个月后松下幸之助真的又来了。那位负责人又推托说自己有事，让他等几天再说。可是隔了几天松下幸之助又来找那位负责人。如此反复多次，那位负责人干脆说出了拒绝松下幸之助的真正理由："像你这样衣衫褴褛的人是进不了我们工厂的。"

松下幸之助听后，回去借了一些钱，买了一身新衣服穿上又返回来。负责人一看没有办法，便又告诉松下幸之助："关于电器方面的知识你知道得太少了，这样怎么能在电器工厂做工呢？"

两个月后，松下幸之助再次来到这家工厂，说："在这两个月期间，我已经学了不少有关电器方面的知识，您看我哪方面还有差距，我一项项来弥补。"

那位负责人仔细打量了松下幸之助半天才说："唉！真没办法，我在这里干了几十年了，头一次遇到像你这样来找工作的。年轻人，我真佩服你的耐心和韧性，我们决定录用你了。"

凭着自己执着的精神和超人的毅力，松下幸之助终于成了那家电器工厂的一名员工，从此他在电器王国开始了新的奋斗历程。

不会因为一时的挫折而停止尝试的人，永远都不会失败。在逆境中我们能找到在顺境中找不到的机会。处于逆境、陷入困苦的时候，要学会坚持，不要气馁，不要轻易放弃，很多时候我们只需要再坚持一秒钟，再尝试一次，成功的曙光就会来临。

第五章　成为更好的自己，迎接远道而来的你

半途而废，遗憾终生

人的一生就像一条赛道，每个人为了奔向成功的终点而奔跑着。刚开始，我们都信心满满，充满激情，可是在跑了一段距离后，有的人就会发现很累，很难坚持，于是他们选择了放弃。殊不知，半途而废是成功者的大忌，是阻碍一个人成功的绊脚石。

有一天，一个人正要将一块木板钉在树上当隔板。富家子弟贾金斯走进那个人对他说，自己想帮他做这件事。贾金斯拿过那个人手中的木板说："你应该先把木板头锯掉再钉上去。"

等找到锯子之后，还没有锯到两三下，贾金斯就停下了，说是要把锯子磨得锋利些。于是他又去找锉刀。可是他又发现锉刀用起来并不顺手，便又想在锉刀上安一个顺手的手柄。之后，他走进灌木丛中寻找小树，可砍树又得先把斧头磨锋利。磨锋利斧头需将磨石固定好，还得制作支撑磨石的木条。制作木条少不了木匠用的长凳，可这没有一套齐全的工具是不行的。

于是，贾金斯到村里去找他所需要的工具。贾金斯一走，就再

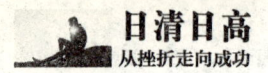

也没有回来。最后，那个人只好自己亲自将木板钉在了树上。

贾金斯无论做什么事情都是虎头蛇尾，有始无终，半途而废。他曾经下定决心学习法语，但之后他发现要想真正掌握法语，首先必须对古法语有透彻的了解，并且还要全面掌握和理解拉丁语，否则是学不好古法语的。贾金斯还发现，掌握拉丁语的唯一途径是学习梵文，因此便开始学习梵文。到最后，贾金斯还是没有学成法语。

贾金斯在学习上取得不了成就，便转向了商业。他将先辈留下来的一些本钱，投资办了一个煤气厂。可是煤气所需的煤炭价钱昂贵，他亏本了。于是，他将煤气厂转让出去，开办起了煤矿厂。可这次又不走运，因为采矿机械的资金更是不菲。于是，他变卖煤矿厂，转入了煤矿机器制造业。结果，也没有取得任何成就。

尽管贾金斯学习了很多知识，尝试了各种领域，但都因为他做事没有恒心，所以到头来一事无成。

现实生活中，很多人的身上都或多或少有贾金斯的影子，做事虎头蛇尾、半途而废。这不仅会给自己的心理上带来挫折感，还会阻碍自己前进的步伐。因此，我们要做一个有恒心的人，只有保持持之以恒的决心，坚定不移地贯彻始终，才能最终登上胜利的顶峰。

西华·莱德先生是个著名的作家兼战地记者，他曾在1957年4月的《读者文摘》上撰文表示，他所收到的最好的忠告是"继续走完下一里路"。下面是其中的几段：

在第二次世界大战期间，我跟几个人不得不从一架破损的运输机上跳伞逃生，结果迫降到缅甸、印度交界处的树林里。如果要等救援队前来援救，至少要好几个星期，那时可能就来不及了，只好

第五章　成为更好的自己，迎接远道而来的你

自己设法逃生。我们唯一能做的就是拖着沉重的步伐往印度走，全程长达140里，必须在8月的酷热和季风所带来的暴雨的双重侵袭下，翻山越岭长途跋涉。

才走了一个小时，我的一只长统靴的鞋钉刺到另一只脚上，傍晚时双脚都起泡出血，范围像硬币那般大小。我能一瘸一拐地走完140里吗？别人的情况也差不多，甚至更糟糕。他们能不能走完呢？我们以为完蛋了，但是又不能不走，好在晚上找到地方休息。我们别无选择，只好硬着头皮走下一里路……

当我推掉原有工作，开始专心写一本15万字的著作时，一直定不下心来写作，差点丢掉我一直引以为荣的教授尊严，也就是说几乎不想干了。最后不得不记着只去想下一个段落怎么写，而非下一页，当然更不是下一章。整整6个月的时间，除了一段一段不停地写以外，什么事情都没做，结果居然写成了。

几年以前，我接了一件每天写一则广播剧本的差事，到目前为止一共写了2000个。如果当时就签一张"写作"2000个剧本的合同，一定会被这个庞大的数目吓倒，甚至把它推掉。好在是写一个剧本，接着又写一个，就这样日积月累真的写出这么多了。

马克思说："在科学的征途上，没有什么捷径可走，只有沿着崎岖道路不停攀登的人，才有希望达到光辉的顶点。"不停地攀登就是一个人所应具有的恒心。相反，人如果没有恒心，做一件事情，就可能事与愿违；做一项工作，就可能半途而废；做一番事业，就可能前功尽弃，甚至遗憾终生。这样的人生还有什么意义呢？

坚强意志成就人生道路

在人生的道路上,要经受得住打击,不言放弃,具有非凡的意志,才能从泥潭中走出来。意志就是毅力,也称坚持力,是成功者必备的重要品质之一。西方有句谚语:有毅力的人,能从磐石里挤出水来。狄更斯认为:"顽强的毅力可以征服世界上任何一座高峰。"富兰克林认为:"唯坚忍者始能遂其志。"这些都说明了毅力的重要性。成功者与失败者的区别在于,前者跌倒了100次,还能在第101次站起来,出色的意志力是实现远大目标的重要保障。

20世纪70年代是世界重量级拳击史上英雄辈出的年代。4年多未登上拳台的拳王阿里此时体重已超过正常体重20多磅,速度和耐力也已大不如前,医生给他的运动生涯判了"死刑"。然而,阿里坚信"精神才是拳击手比赛的支柱",他凭着顽强的毅力重返拳台。

1975年9月30日,33岁的阿里与另一拳坛猛将弗雷泽进行第三次较量(前两次一胜一负)。在进行到第14回合时,阿里已精疲力竭,濒临崩溃的边缘,这时候一片羽毛落在他身上就能让他轰然

第五章 成为更好的自己,迎接远道而来的你

倒地,他几乎再无丝毫力气迎战第 15 回合了。然而他拼着性命坚持着,不肯放弃。他心里清楚,对方和自己一样,也是只有出气之力了。

比到这个地步,与其说在比气力,不如说在比毅力,就看谁能比对方多坚持一会儿了。他知道此时如果在精神上压倒对方,就有胜出的可能。于是他竭力保持着坚毅的表情和誓不低头的气势,双目如电。这令弗雷泽不寒而栗,以为阿里仍存着体力。

这时,阿里的教练邓迪敏锐地发现弗雷泽已有放弃的意思,他将此信息传达给阿里,并鼓励阿里再坚持一下。阿里精神一振,更加顽强地坚持着。

果然,弗雷泽表示甘拜下风。裁判当即高举起阿里的臂膀,宣布阿里获胜。这时,保住了拳王称号的阿里还未走到台中央便眼前一片漆黑,双腿无力地跪在了地上。弗雷泽见此情景,如遭雷击,他追悔莫及,并为此抱憾终生。

成功出自坚持,坚持就是胜利!在最艰难,也是最关键的时刻,阿里坚持到胜利的钟声敲响的那一刻,成就了他辉煌人生中的又一个传奇。

在人生道路上,陷入困境时,不要轻言放弃,而是要发挥坚强的意志的重要作用,咬紧牙关,大声告诉自己:成功就在不远处,再加把劲就能挺过去。马克·吐温说:"人的思想是了不起的,只要专注于某一项事业,就一定会做出使自己感到吃惊的成绩来。"

1832 年,林肯失业了,这显然使他很伤心,但他下定决心要当政治家,当州议员。糟糕的是,他竞选失败了。在一年里遭受两次

打击,这对他来说无疑是痛苦的。

接着,林肯着手自己开办企业,可一年不到,这家企业又倒闭了。在以后的17年间,他不得不为偿还企业倒闭时所欠的债务而到处奔波,历经磨难。

随后,林肯再一次决定参加竞选州议员。这次他成功了。他内心萌发了一丝希望,认为自己的生活有了转机:"可能我可以成功了!"

1835年,他订婚了。但离结婚的日子还差几个月的时候,未婚妻不幸去世。这对他精神上的打击实在太大了,他心力交瘁,数月卧床不起。1836年,他得了精神衰弱症。

1838年,林肯觉得身体良好,于是决定竞选州议会议长,可他失败了。1843年,他又参加竞选美国国会议员,但这次仍然没有成功。

林肯虽然一次次地尝试,但却是一次次地遭受失败:企业倒闭,情人去世,竞选败北。要是你碰到这一切,你会不会放弃?放弃这些对你来说很重要的事情?

林肯没有放弃,他也没有说:"要是失败会怎样?"1846年,他又一次参加竞选国会议员,最后终于当选了。

两年任期很快过去了,他决定要争取连任。他认为自己作为国会议员表现是出色的,相信选民会继续选举他。但结果很遗憾,他落选了。

因为这次竞选他赔了一大笔钱,林肯申请当本州的土地官员。但州政府把他的申请退了回来,上面指出:"做本州的土地官员要求

第五章　成为更好的自己，迎接远道而来的你

有卓越的才能和超常的智力，你的申请未能满足这些要求。"

接连又是两次失败。在这种情况下你会坚持继续努力吗？你会不会说"我失败了"？然而，林肯没有服输。1854年，他竞选参议员，但失败了；两年后他竞选美国副总统提名，结果被对手击败；又过了两年，他再一次竞选参议员，还是失败了。

林肯一直没有放弃自己的追求，他一直在做自己生活的主宰。1860年，他当选为美国总统。

一个人想干成任何大事，都要能够坚持下去，坚持下去才能取得成功。说起来，一个人克服一点儿困难也许并不难，难得的是能够持之以恒地做下去，直到最后成功。

人生道路到处布满了荆棘，有着各种各样的挫折。走在这条崎岖的道路上，如果你不具备坚强的意志，那么就意味着你难以成就大事，你的一生只是平庸度过。如果你有坚强的意志，即使遇到挫折和失败，也不会停下来，跌倒了爬起来前进一步，再跌倒了再爬起来再向前一步……就这样，你获得了真正的人生，从而走向成功的彼岸。

第六章
先有"人脉存折",后有"成就存折"

有梦想就有希望,敢于追逐梦想的人始终都对生活充满着热情,以便于时刻激励自己前行。有梦想的人是幸福的,他们拥有明确的奋斗目标,在追逐梦想的过程中体会人生百味。人生如果没有梦想,就无法充实,不能有发展。大多数人在年轻的时候,都有过远大的理想和抱负,都曾经雄心勃勃。成功的人都有一个伟大的梦想。

心有多远梦就有多远

蛹在沉默了一个冬天之后，用尽全身的力量，终于把飞的梦想变成了现实；依米花在沉默五年之后，倾尽自己的心血，终于把吐露芬芳的梦想呈现给了世人。它们放飞心中的梦想，勇敢追逐，最终实现了自己的价值，主宰了自己的世界。我们人类是不是也应该如此呢？

人不能缺少梦想。因为人有梦想就有希望，拥有梦想的人始终保有生活的热情，时刻激励自己前行。人应该放飞梦想，向着心中远大的志向努力。放飞梦想，就是永远相信明天，明天会更好，因为明天一切都是崭新的。在任何时候，我们都无法预测未来，但我们要敢于放飞梦想，只有这样，我们才能主宰自己的世界。

在法国的乡村，有一位尽职尽责的邮递员每天奔走于各个村庄，为人们传送邮件。有一天，他走在一条山路上不小心摔倒了，不经意发现脚下有一块奇特的石头，看着看着，他有些得意，最后他把那块石头放进了邮包里。

第六章　先有"人脉存折"，后有"成就存折"

村子里的人们看到他的邮包里有一块沉重的石头，都感到很奇怪，说："把它扔了吧，你还要走那么多路，这可是一个不小的负担。"

他取出那块石头晃了晃，得意地说："你们有谁见过如此美丽的石头？"

人们摇了摇头："这里到处都是这样的石头，你一辈子都捡不完的。"

他并没有因大家的不理解而放弃自己的想法，反而想用这些奇特的石头来建一座奇特的城堡。

此后，他开始了另外一种全新的生活。白天，他一边送信一边捡这些奇形怪状的石头；到了晚上，他就琢磨用这些石头来建城堡的问题。

所有的人都认为他疯了，这根本就是不可能的事。

二十多年以后，在他住处出现了一座错落有致的城堡，可在当地人的眼里，他是在干一些如同小孩建筑沙堡一样的游戏。

20世纪初，一位著名的旅行家路过这里发现了这座城堡，这里的风景和城堡的建造格局令他慨叹不已，为此写了一篇文章。文章刊出后，邮差和他的城堡就成为人们关注的焦点。现在，这个城堡已成为法国著名的风景旅游点。

在城堡入口处的一块石头上还刻着邮差的一句话："我想知道一块有了梦想的石头能走多远。"而这块石头就是邮差当年捡起的第一块石头。

梦想的力量是伟大的，当一块平凡的石头有了梦想，它就可以筑起一座雄伟的城堡。邮差最初的想法是想知道一块石头拥有了梦想之后，前面等待着它的是什么。就是在这不经意间的梦想中奇迹诞生了，梦想的力量把成千上万块石头改造成了邮递员心目中神圣的理想殿堂。

梦想就像春天的细雨，滋润着人们的心田；梦想就像冬日的阳光，温暖着每一个人；梦想就像鸟儿的翅膀，带我们翱翔高空。有梦的人生不会荒芜，只有内心不荒芜，生命才会精彩、才会绽放。

在美国西部的一个乡村，有一位清贫的农家少年，每当闲暇时，他总要拿出祖父在他8岁那年送给他的生日礼物，一幅已被摩挲得卷边的世界地图。

他的目光一遍遍地越过那上面标注的一个个文明城市、一处处美丽的山水风景，飘逸的思绪亦随之纵横驰骋，渴望抵达梦想的翅膀在那上面一次次自由地飞翔……

15岁那年，这位少年写了他气势不凡的《一生的志愿》："要到尼罗河、亚马孙河和刚果河探险；要登上珠穆朗玛峰、乞力马扎罗山和麦金利峰；驾驭大象、骆驼、鸵鸟和野马；探访马可·波罗和亚历山大一世走过的道路；主演一部《人猿泰山》那样的电影；驾驶飞行器起飞降落；读完莎士比亚、柏拉图和亚里士多德的著作；谱一首乐曲；写一本书；拥有一项发明专利；给非洲的孩子筹集100万美元捐款……"他洋洋洒洒地一口气列举了127项人生的宏伟志愿。不要说实现它们，就是看一看，就足够让人望而生畏了。难怪许多人看过他设定的这些远大目标后，都一笑了之。所有人都认为，那不过是一个孩子天真的梦想而已，随着时光的流逝，很快就会烟消云散的。

第六章 先有"人脉存折",后有"成就存折"

然而,少年的心却被他那庞大的《一生的志愿》鼓舞着,他的脑海里一次次地浮现出自己畅快地漂流在尼罗河上的情景,梦中一次次闪现出他登上乞力马扎罗顶峰的豪迈气概,甚至在放牧归来的路上,他也会沉浸在与那些著名人物交流的遐想之中……没错,他的全部心思都已被那《一生的志愿》紧紧地牵引着,并让他从此开始将梦想转为现实的漫漫征程……

毫无疑问,那是一场壮丽的人生跋涉,也是一场异常艰难、简直无法想象的生命之旅。他一路豪情壮志,一路风霜雪雨,硬是把一个个近乎空想的夙愿,变成了一个个活生生的现实,他也因此一次次地品味到了搏击与成功的喜悦。44年后,他终于实现了《一生的志愿》中的106个愿望……

他,就是著名的探险家约翰·戈达德。

当有人惊讶地追问他是凭借着怎样的力量,让他把那许多注定的"不可能"都踩在了脚下,让他把那么多的绊脚石都当作了攀登的基石,他微笑着回答道:"很简单,我只是让心灵先到达那个地方,随后,周身就有了一股神奇的力量。接下来,只需沿着心灵的召唤前进就好了。"

"让心灵先到达那个地方",约翰·戈达德道出了一个发人深思的道理——在人生旅途上,能够最终领略美妙风景的必然是那些强烈渴望登临并为之不懈跋涉的追寻者。是心灵的渴望,开阔了求索的视野;是心灵的飞翔,催动了奋进的脚步;是心灵的富有,孕育了生命的奇迹。一句话,想创造生命的辉煌,需要首先让心灵辉煌起来,有一个属于自己的梦想,并且放飞它。

　　心有多远梦想就会有多远,有梦的人生才幸福,也许现实的困难会束缚我们追梦的脚步,但无法束缚我们那颗奔腾不息的心灵。当我们的心灵抵达那希望的远方,梦想的力量就会召唤我们执着前行,召唤我们勇往前进。

树立适合自己的理想

美国政治家舒尔茨说:"理想犹如天上的星星,我们犹如水手,虽不能到达天上,但是我们的航程可凭它指引。"胸怀理想的人,定是具有明确目标与方向的人,他们的人生才是有意义的人生。然而,有的人最后实现了自己的理想,有的人却将理想变成了空想,这又是为什么呢?其实,播下理想的种子固然重要,但用现实去浇灌更是不可少的。"有志者,事竟成",能够激励一个人去奋斗、去拼搏,但如果志向脱离了现实,无论这个人再怎么拼搏与努力,理想最后都会变成幻想。

世界上最伟大的哲学家之一柏拉图正和他的学生走在马路上。这名学生是柏拉图的得意弟子之一。他很聪明,总是能在很短的时间之内领会老师的意思;他很有潜力,总是能提出一些具有独特视角的问题;他也很有理想,一直希望自己能够成为像老师一样伟大,甚至比老师还要博学的哲学家。所以他常常自视聪慧,不愿意在学识上多下工夫,自认为聪明能敌过他人的努力。

但是柏拉图认为他还需要生活的历练，还需要更加刻苦。柏拉图曾经语重心长地对这名学生说过一句话："人的生活必须要有伟大理想的指引，但是仅有伟大的理想而不愿意脚踏实地，一步一个脚印地朝着理想奋进，那也不能称为完美的生活。"

这名学生知道老师是在教导自己要脚踏实地，但他认为自己比别人聪明，总能用一些技巧轻易地解决问题，自己的理想也比别人的更加伟大，所以只要自己想做的，总能轻易地取得成功。

柏拉图也相信这名学生能够做出一番大事业，但是他却只看到大目标而不顾脚下道路的坎坷以及自身的缺点。柏拉图一直想找一个合适的机会让学生自己意识到他的这一缺点。一天，柏拉图看到他们前面的不远处有一个很大的土坑，这个土坑周围还有一些杂草，平常人们只要稍加注意就可以绕过这个土坑。柏拉图知道，这个学生在赶路时经常不注意脚下。于是，他指着远处的一个路标对学生说："这就是我们今天行走的目标，我们两个人今天进行一次行走比赛如何？"学生欣然答应，然后他们就开始出发了。

学生正值青春年少，他步履轻盈，很快就走到了老师的前面，柏拉图则在后面不紧不慢地跟着。柏拉图看到，学生已经离那个土坑近在咫尺了，他提醒学生"注意脚下的路"，而学生却笑嘻嘻地说："老师，我想您应该提高您的速度了，您难道没看到我比您更接近那个目标了吗？"

他的话音刚落，柏拉图就听到了"啊"的一声叫喊，学生已经掉进了土坑里。这个土坑虽然没有让人受重伤的危险，但是它却足以使掉下去的人无法独自上来。

第六章 先有"人脉存折",后有"成就存折"

学生现在只能在土坑里等着老师过来帮他了。柏拉图走过来了,他并没有急着去拉学生,而是意味深长地说:"你现在还能看到前面的路标吗?根据你的判断,你说现在我们谁能更快地到达目的地呢?"

聪明的学生已经完全领会了老师的意思,他满脸羞愧地说:"我只顾着远处的目标,却没走好脚下的每一步路,看来还是不如老师呀!"

一个人只顾眼前的利益,不为长远打算,那么得到是短暂的欢愉,这样的人生是失败的人生;一个人目标高远,但却不考虑现实的生活,那么其执着的行为则是可悲可叹的。只有源于现实的理想,才能结出成功的果实。如果理想脱离了现实,就如同风筝断了线,空有理想而终将坠落。

我们生活在一个知识爆炸、信息化、经济高速发展的时代,要想把自己的理想变为现实,就必须使自己的理想适应这个时代的需要,而不是天马行空地想象自己的未来,更不能把理想变为"空中楼阁"。

很久以前,有个人继承了家族的一大笔财产,成为了村里最富有的人。但这个人生来愚蠢,又不愿意学习,常常自以为是,干出一些让人哭笑不得的事情来。

有一次,他到另外一个财主家去做客,见到人家的府邸是一座三层楼房,高大威风,宽敞壮丽,看上去非常阔气。他心里十分羡慕,心想:"要是我也有一栋这样的三层楼房,那该多好啊!"

这个愚蠢的有钱人回到家,马上请来泥瓦匠,对他们说:"你

们给我建一座三层楼房,越快越好。"于是,泥瓦匠们立即动工,打地基、和泥、垒砖头,开始修建第一层。有钱人天天跑到工地去看,头几天地基打好了。又过了几天,垒了几层砖。再过几天,砖又垒高了一些。有钱人恨不得马上就能住上三层楼房,实在等不及了,便问泥瓦匠:"你们这是建造的什么房子啊,怎么跟我想要的楼房一点也不像啊?"

泥瓦匠回答说:"我们正是按照你的吩咐在建楼房啊。这就是第一层。"

有钱人一听,暴跳如雷,勃然变色说:"蠢东西,我要的是第三层,谁叫你们修建第一层、第二层了。"

上面这个故事启示我们做人要踏踏实实,做事要打好基础。这样才能取得成功。理想的重要性不言而喻,但若是理想偏离了现实,只能是故事中的"空中楼阁",永远无法实现。所以,理想要跟现实相结合,每个人都应该根据自身的情况,树立适合自己的理想,之后踏踏实实地、一步一个脚印地去实现。

第六章　先有"人脉存折"，后有"成就存折"

有梦想就要坚持到底

　　人的一生就像一条赛道，每个人为了奔向成功的终点而奔跑着。刚开始，我们都信心满满，充满激情，可是在跑了一段距离后，我们就会发现很累，很难坚持。在这个时候，如果我们调整呼吸，不放弃奔跑的话，就会比别人更快到达成功的终点。梦想需要坚持的力量，所以不要放弃奔跑，而是应该坚持到底。

　　桑德·韦德从小就是一位喜欢在生活中发现和欣赏美的孩子，也正因如此，长大以后，桑德成了美国匹兹堡市的一位知名摄影师。他的摄影作品，是以挖掘潜藏在生活细节中的美而见长。

　　1986年，一家出版社邀请桑德为他们的一本自然科学类图书拍配文照片，桑德就来到匹兹堡市的自然博物馆找他的朋友，想要一些新奇的摄影素材。他的朋友带着桑德来到博物馆的昆虫标本区，在那里，他看见了一只标本蝴蝶的翅膀上，竟然有一个形象而美丽的字母"F"！

　　桑德惊讶地问："这个字母是你加工上去的吗？为什么我从来没

有见过这样的蝴蝶?"

"当然不是!"桑德的朋友告诉他说,其实这是一种蝴蝶在自然条件下所产生的一种独一无二的斑纹,它既可以用来吸引异性,又可以作为伪装避险或者吓跑天敌。他的朋友最后还补充说:"你成天只在自己的生活中寻找美,又如何能发现真正的大自然之美呢?"

桑德在这一刻猛然意识到,要想找到真正的美丽,就必须要走进大自然。"既然有一只蝴蝶的翅膀上有个'F',那一定会有更多的蝴蝶翅膀上有着'A''B''C'……"桑德决定推掉出版社的约稿,去大自然里寻找那26个字母!

一个星期后,他扛着相机走进了密西西比河附近的森林里,开始寻找那些翅膀上有字母的蝴蝶。他在森林里风餐露宿,吃着很简单甚至是很原始的食物,在森林里走了整整五个月后,才在一片花草地里找到了一只翅膀上有个"K"的蝴蝶。桑德兴奋极了,他轻轻地举起相机,拍下了那只蝴蝶。

虽然将近半年时间,才拍到了第一只蝴蝶,但这还是给了桑德不少信心,桑德深信第二只、第三只也很快就会找到。让他没有想到的是,一直过了七个多月以后,他才看到一只翅膀上写着"V"的蝴蝶,然后那只蝴蝶却在他举起相机的几秒前,远远地飞走了。之后又过了三个多月,他才在一片灌木丛中发现了一只写有"E"字母的蝴蝶,并且成功地拍了下来……

除了冬季,桑德在其他三个季节全部行走在各地的草地和山区,先后去过巴西、巴布亚新几内亚和菲律宾等30多个国家,一转眼10年过去,他却只拍到了13只分别写有不同字母的蝴蝶。1997年秋

第六章 先有"人脉存折",后有"成就存折"

天,亚桑德再一次回到家里后,他的妻子和孩子们都劝他别再出去了,成年累月在外奔波,那是一件毫无意义的事情。桑德生气地说:"每个人都有自己的理想,你们应该尊重我的理想,应该尊重我为理想所做出的一切努力!"

第二年开春后,桑德吻别了妻子和孩子,继续扛着相机上路了。因为自然界有一定的对称率,在以后的时间里,他发现的大多是那些类似于"E""W""B"的对称字母,而那些类似于"R""P""Q"等不对称字母,则非常难找,甚至于在1998—2002年这整整四年时间里,他一无所获。

后来,桑德那位在博物馆工作的好朋友也劝他算了,自然界的东西不是想找就能找到的。但这同样没有动摇桑德坚定的信念,他相信上帝不会漏掉一个字母,上帝更不会对他的努力无动于衷,只要凭着最大的努力,一定可以把那26个字母收集齐全。

之后几年,桑德先后去到澳大利亚和中国的大森林和草原,冒着随时被野生动物当美餐吃掉的危险,寻找字母蝴蝶。就这样,到了2010年的最后一个月,桑德终于成功了!他用24年的时间,拍下了26张分别写有不同字母的蝴蝶照片,这每一个字母都是独一无二的,都是大自然创造的一种自然之美,神奇之美!

桑德带着实现理想后的喜悦,回到了匹兹堡市,他的照片引起了收藏界和商界的极大兴趣,有不少摄影博物馆和商业机构都想以高价买去收藏或从事商业用途,但桑德却全部拒绝了,他把这些照片的使用权无偿赠送给了美国教育部,用来制作针对儿童的教学用具。

有许多人无法理解桑德的决定,他说如果用来卖钱,无疑是一种对这个理想的亵渎。不久后,他用这些照片举行了一系列面向在校学生的展览和演讲,主题是:"用24年搜寻26个字母——只要坚持,你能实现任何梦想!"或许,这才是桑德理想的最大价值吧!

在平常人看来,桑德的所作所为无疑很奇怪,但奇怪的他最终完成了他的梦想,让他的梦想也变得伟大起来。在成功的路上,他曾经遭到过质疑、遭到过反对,但他都用不可否定和不可质疑的态度坚持了下来。人生不能没有梦,有梦的人生才完美。在追梦的过程中也许会有许多崎岖和坎坷,但是无论有多苦多难,只要坚持不懈,梦总会成为一座跨越崎岖和坎坷的桥梁,直通成功!所以,不要停下追梦的步伐,让成功与自己擦肩而过。

老教师就要退休了,他开始整理自己办公室里的文件。他拉开一个抽屉,被里面的一叠小学生作文吸引住了,作文的题目是《我的梦想》,孩子们都在作文本上写下了自己的梦想。

一个学生写道:"我以后一定要当一艘超级游轮的船长,因为有一次在海里游泳时,我喝了3升海水都没被淹死。"一个学生说:"我将来必定是法国的总统,因为我能背出29个法国城市的名字,而同班的其他同学最多只能背出9个……"最让老师觉得不可思议的是一个叫戴维的学生,他说他一定要成为英国的一位内阁大臣,因为在英国还没有一个盲人进入过内阁。

总之,孩子们都在作文中认真地描绘着自己的未来,五花八门,各种各样的想法都有。

老师读着这些作文,突然有一种冲动:他想写信给这些孩子们,

第六章　先有"人脉存折"，后有"成就存折"

看25年后的现在他们是否都实现了自己最初的梦想。

很快，他就收到了学生们的回信，他们都向老师致谢，感谢老师仍然保存着他们年幼时的梦想记录，并且他们希望得到那本作文簿，重温儿时的梦想。这中间有商人、学者及政府官员，更多的是普普通通的人。老师满足了他们的愿望。但他觉得奇怪的是：只有那个叫戴维的盲学生没有来信。

一年过去了，老师仍然没有收到戴维的来信，他想，或许那个叫戴维的人已经不在人世了。毕竟25年了，25年间是什么事都会发生的。

就在老师准备把这个本子送给一家私人收藏馆时，内阁教育大臣寄来了一封信，信上说："我是您当年的学生戴维，感谢您还为我们保存着儿时的梦想。不过我已经不需要那个本子了，因为从那时起，我的梦想就一直在我的脑子里。我现在已经实现了那个梦想。我一直相信只要不让年轻时的梦想随岁月飘逝，成功总有一天会出现在你的面前。"

有一位名人曾经说过这样的一句话：终生去做一件事，便可成功。梦想也是如此。梦想是放飞在蓝天上自由翱翔的风筝，它的命运掌握在人的手里。梦想是美丽的，有了梦想就要坚持，直到梦想成真的那一天。

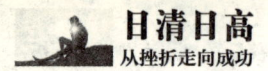

用果断的勇气去实现梦想

人处在混乱中时，往往会犹豫不决，但事情紧迫时，必须果断地做出自己的选择，优柔寡断和拖泥带水，只能错失良机。歌德曾经说过："迟疑不决的人，永远找不到最好的答案，因为机遇会在你犹豫的片刻失掉。"对于梦想来说，优柔寡断是梦想的大敌，一个处事优柔寡断的人，很难有大作为。

日本三洋电机的创始人是井植岁男。有一天，他家的园艺师傅找上门来对他说："井植先生，您的事业越做越大，挣的钱也越来越多，而我却像一只蹲在树上的蝉，没有任何出息。我想恳求您帮帮我，告诉我一些发大财的秘诀可以吗？"

井植岁男爽快地答应了，对园艺师傅说："经过我的长期观察，我发现你比较适合做园艺工作。既然如此，你干脆和我一块合作种树苗生意吧。我的工厂旁边有一片大约两万平方米的空地，我们可以把树苗种在那里。"

井植岁男又问园艺师傅："你知道买一棵树苗需要多少钱吗？"

第六章 先有"人脉存折",后有"成就存折"

园艺师傅回答说:"40日元。"

井植岁男说:"我们按每平方米种两棵树苗算,去掉走道和水渠的占地面积,两万平方米大约能种上3万棵树,这样树苗的成本只需要120万日元就够了。那么在三年之后,一棵树苗能卖多少钱呢?"

园艺师傅说:"至少要卖到3000日元。"

井植岁男说:"那好,这120万日元的成本费和以后施肥的费用我来出,你就负责在这三年里除草和施肥。三年之后,我们再把这些树苗卖出,一共是3万棵,应该能卖到9000万日元,取出成本,应该能剩下约7600万日元,到时候的利润我们对半分,怎么样?"

谁知道那位园艺师傅听完之后却不敢答应,他说:"尽管您说的非常好,但是我觉得自己没有这方面的本事,没有胆量去做那么大的生意,还是算了吧。"

最后,园艺师傅还是选择了在井植家中栽种树苗,每月领取到稳定并且数额不多的工资。

故事中的园艺师傅面对难以取舍的问题时,首先考虑的是稳重,这造成了他犹豫不决、瞻前顾后。其实,个人的精力和才智是有限的,犹豫徘徊,患得患失,或者求全责备,其结果只会浪费生命,最终无法实现自己的梦想。拿破仑说:战争的艺术就是在某一点上集中最大优势兵力。而生活的艺术就是选择一个进攻的突破口,然后全力以赴去冲击。如果能在前进的路上当机立断,尽快选定目标,并为实现目标而不懈地奋斗,那么成功就触手可及了;如果优柔寡断,那么梦想就会被毁灭了。

歌德说过:"犹豫不决的人永远找不到最好的答案,因为机会会

在你犹豫的片刻失掉。"无数事实都证明了这个道理,所以我们必须抛弃犹豫不决的习惯,果断地实现自己的梦想。

在圣皮埃尔岛发生火山爆发大灾难的前一天,一艘意大利商船奥萨利纳号正在装货准备运往法国。船长马里奥敏锐地察觉到了火山爆发的威胁,于是,他决定停止装货,立刻驶离这里。但是发货人不同意,他们威胁说现在货物只装载了一半,如果他胆敢离开港口,他们就去控告他。但是,船长的决心却毫不动摇。发货人一再向船长保证培雷火山并没有爆发的危险,船长却坚定地回答道:"我对于培雷火山一无所知,但是如果维苏威火山像这个火山今天早上的样子,我一定要离开那不勒斯。现在我必须离开这里,我宁可承担货物只装载了一半的责任,也不继续冒着风险在这儿装货。"

24小时后,发货人和两个海关官员正准备逮捕马里奥船长时,圣皮埃尔的火山爆发了,他们全都死了。这时候奥萨利纳号却安全地航行在公海上,向法国前进。

试想一下,如果马里奥船长迟疑不决的话,那么他会得到什么样的结局呢?毫无疑问,同火山一起毁灭。这启示我们在一些必须做出决定的紧急时刻,我们不能因为条件不成熟而犹豫不决,只能把自己全部的理解力激发出来,做出一个最有利的决定。当机立断地做出一个决定,我们可能成功,也可能失败,但如果犹豫不决,那结果就只剩下了失败。

我们无论遇到什么事情,无论有怎样的计划和梦想,都不要犹豫而裹足不前,而是应该果断地迈出前进的步伐。也许我们的每一次行动不一定会成功,但我们的每一步都会缩短与梦想之间的距离。

一点一滴实现梦想

珍珠,璀璨无比。沙子,无比平凡。恰恰就是无比平凡的沙子,一点点地磨平,一点点地坚持,最终成就了璀璨无比的珍珠,这其中的艰辛不言而喻。人实现梦想的过程,其实就是沙子打磨珍珠的过程,也需要一点一点地积累,需要付出艰辛的努力。

查理·贝尔曾任麦当劳的执行总经理,负责管理麦当劳在全球118个国家多达3万余个餐厅的运营。翻开贝尔的履历,许多人生的亮点光彩夺目,而他深深铭记的时刻却是1976年,15岁的他迫于生计,到麦当劳求职。

那时,贝尔家境极其贫寒。于是他找到麦当劳店的店长,请求给他一份工作。贝尔营养不良,瘦骨嶙峋,脸上没什么血色,浑身土里土气。店长看他这副模样,委婉地拒绝了他,说这里暂时不需要人手,希望他到别的地方去看看。

过了几天,店长没有料到,贝尔又来了,言辞更加恳切地请求店长给他份工作,即使没有报酬也行。见老板没有吭声,贝尔感到了一点希望。他小声说:"我看到您这里厕所的卫生状况似乎不是太好,这样也许会影响您的生意。要不,安排我扫厕所吧。只要给我解决吃住就行了。"店长没有办法,就答应了让贝尔扫厕所试试看。

　　扫厕所,在一般人眼中都认为是没有出息的工作。可是,贝尔却认为这是他人生事业的一块最坚实的基石。

　　他每天清晨天还没亮就起床,把厕所彻底清扫一次。然后每隔一段时间就去维护。不久,他对扫厕所也摸索出规律:先把大的纸张扫了,然后洒干灰在那些湿脏的地方。让灰把水吸干,再扫,效果比直接扫好多了。记得有一次半夜,有人上厕所时,还看到贝尔睁着惺忪的眼睛在查看厕所是否被弄脏了。

　　他在厕所里摆放了些花草,还把自己记得的谚语警句写了些贴在厕所的墙上,让人在方便的时候,可以感受文化的魅力。贝尔的所有心思全部放在收拾厕所上。确实,他的到来,让那家店的厕所卫生状况大为改观,有人甚至说,"比那些不太讲究的餐馆还要干净。"

　　经过三个月的考察,店长正式宣布录用贝尔,安排他去接受正规的职业培训。接着,店长又把贝尔放在店内各个岗位锻炼。19岁那年,贝尔被提升为澳大利亚最年轻的麦当劳店面经理。1980年,他被派驻欧洲,在那里的业务扶摇直上。此后,他先后担任麦当劳澳大利亚公司总经理,亚太、中东和非洲地区总裁,欧洲地区总裁及麦当劳芝加哥总部负责人,直到后来担任管理全球麦当劳事务的执行总经理。

　　飞黄腾达的贝尔接受媒体采访的时候,从来不避讳自己当年扫

第六章　先有"人脉存折"，后有"成就存折"

厕所的经历。他说扫厕所是对他最深刻的教育：一件事，你可以不去做；可是如果你做了，就要全力以赴地去做。

"一屋不扫，何以扫天下？"贝尔就是从扫好麦当劳的一个厕所开始，一直到当上全球的麦当劳执行总经理。

"一件事，你可以不去做；可是你如果做了，就要全力以赴地去做。"这是一句简单的话，也是贝尔最真诚的忠告。贝尔从扫厕所做起，一步一步坐到麦当劳的地区总裁，绝非偶然。这里面凝聚了贝尔的认真、负责、用心。所以，不要为一时的失意而放弃，不要因为事情低贱而不去做。实现梦想，并不是一蹴而就，它需要一点一滴的积累。一点一滴，成就梦想；一点一滴，成就人生！

道尼斯先生最初为杜兰特工作时，职务很低，现在已成为杜兰特先生的左膀右臂，担任其下属一家公司的总裁。他之所以能如此快速地升迁，秘密就在于"每天多干一点"。他平静而简短地道出了其中原由："在为杜兰特先生工作之初，我就注意到，每天下班后，所有的人都回家了，杜兰特先生仍然会留在办公室里继续工作到很晚。因此，我决定下班后也留在办公室里。是的，的确没有人要求我这样做，但我认为自己应该留下来，在需要时为杜兰特先生提供一些帮助。工作时杜兰特先生经常找文件、打印材料，最初这些工作都是他自己亲自来做。很快，他就发现我随时在等待他的召唤，并且逐渐养成招呼我的习惯。"

杜兰特先生为什么会养成召唤道尼斯先生的习惯呢？因为道尼斯主动留在办公室，使杜兰特先生随时可以看到他，并且诚心诚意地为他服务。这样做获得了报酬吗？没有。但是，他获得了更多的

机会，最终获得了提升。

　　俗话说："有付出，必有回报！"付出和收获是成正比的。也许你的投入无法立刻得到相应的回报，但不要气馁，应该一如既往地多付出一点。回报可能会在不经意间以出人意料的方式出现。梦想的实现也是如此，也许每个人在点点滴滴中付出百倍的努力与坚持，梦想还没有实现，但仍不要轻视点点滴滴的事情，因为说不定哪一天它们就能把幸运带给我们。

坚定信念让梦想成真

人的一生当中，总会有一些黑色的经历，那些黑色的经历或许曾经让我们看不到光明，成为梦想之路上的障碍，而志气、信心、希望和努力则是黑暗中的一缕明光。我们要做的，就是在黑暗中积蓄力量，抓住这缕明光，坚持自己的梦想，让自己越来越优秀，改变黑暗的处境。

鲍曼是美国空军的一名伞兵，由于素质过硬，被选入"金士骑士"特技跳伞队。这是至高无上的荣誉，"金士骑士"的每一位成员，都是从伞兵部队中选拔出来的精英，因为他们的工作就是挑战极限。

特技就意味着高难度和高风险，尤其是高空跳伞，稍有不慎就将粉身碎骨。和大多数年轻人一样，鲍曼热爱这份危险而又浪漫的工作，在蓝天上自由翱翔，是他最大的人生享受。队员们每年要参加上百次训练和表演，从未出过半点差错，然而鲍曼没有想到，有一天噩运竟会突然降临。

在一次例行训练中，鲍曼和一名队友合练一个高难度动作，两人同时跳伞，然后在空中分开，完成自由落体动作。这个动作他们以前演练过无数次，一直配合默契，从未出过任何闪失。但是这次出现了意外，由于队友操作失误，偏离了预定轨道，忽然闪电般向鲍曼冲过来。鲍曼发现了危险，但根本来不及躲避，悲剧瞬间发生，两个人在空中高速相撞……

　　队友当场丧命，鲍曼侥幸活了下来，却永远失去了双腿。霉运并未就此结束，鉴于他的身体状况，部队建议他退役。不久后，新婚才几个月的妻子又向他提出了离婚。鲍曼静静地坐在轮椅上，仰望蓝天，潸然泪下。这场灾难几乎夺走了他的一切，家庭、事业、梦想，统统化为美丽的泡影，风一吹就散了，无影无踪。

　　鲍曼一度消沉沮丧，甚至失去了生活的勇气。但他很快意识到，悲伤并不能改变过去的事实，如果继续沉沦，又将失去未来。他努力让自己振作起来，决心东山再起，重返蓝天！这个想法，已经不能用"大胆"来形容，简直就是离奇。所有人都觉得不可思议，认为鲍曼异想天开，一个失去双腿的残疾人，能否正常行走都是大问题，特技跳伞简直是天方夜谭。

　　鲍曼不去理会别人的怀疑，朝着梦想坚定迈进。一步登天显然不现实，他必须首先安装一副合适的假肢，让自己摆脱轮椅。一家假肢公司愿意帮助鲍曼，专门为他设计新型假肢，经过无数次试验和改进，鲍曼终于又获得了"双腿"。他夜以继日地进行恢复训练，断腿处磨出了无数血泡，依然咬牙坚持。凭着惊人的毅力，鲍曼离梦想越来越近，不仅可以像常人那样行走自如，还能骑自行车、潜水、滑雪……

第六章　先有"人脉存折"，后有"成就存折"

9个月后，鲍曼奇迹般地回到了部队，重新投入蓝天的怀抱。鲍曼复出的那天，无数人从四面八方赶来，聚集在地上翘首仰望，要共同见证这个伟大的时刻。当鲍曼从机舱跃出，自由翱翔在天空时，人们振臂欢呼，感动落泪。鲍曼成了世界上第一位没有双腿的特技跳伞队员，这是凡人创造的神话，因为鲍曼的加入，蓝天上从此多了一抹绚烂。

鲍曼用自身经历告诉人们，只要敢做，生命就没有极限；只要敢做，就能实现自己的梦想。没有什么可以把我们打败，除了我们自己。

当一条鱼有了飞翔的梦想，就应该用自己的独特姿势向前俯冲、向上飞跃。在黑暗处转弯，光明就在眼前。有奋斗目标的人是快乐的，有人生梦想的人是幸福的。在逆境中表现出来的自信和积极，让生命硕果累累，让梦想闪闪发光。

在英国伦敦，有个年轻人名叫斯尔曼，他是一对著名登山家夫妇的儿子，在斯尔曼11岁时，他的父母在乞力马扎罗山上遭遇雪崩不幸双双遇难。父母临行前，留给了年幼的斯尔曼一份遗嘱，希望他们的儿子斯尔曼能像他们一样，一座接一座地攀登上世界著名的高山。

这样的遗嘱，对于斯尔曼来说，简直就是一场灵魂的地震，因为从年幼的时候，他就是一个残疾的孩子。他的一条腿患上了慢性肌肉萎缩症，走起路来都有些跛，甚至有资深医生预测说："用不了多少年，斯尔曼必须锯掉他的那条残腿！"但捧着父母遗嘱的那一刻，斯尔曼并没有害怕和退缩，他的眼睛里流露出一缕火焰一般的

坚毅:"爸爸妈妈,请你们在那几座高山之巅等待着我,我一定会征服那一座座高山,并在世界之巅和你们的灵魂相会!"

以后的六七年间里,斯尔曼抱着征服世界巅峰的坚定信念,马不停蹄,坚持不懈地锻炼着自己年轻却又残疾的身体。他跛着腿参加越野长跑,跟随南极科考队在白雪皑皑的南极适应冰天雪地的艰苦生活,甚至远行非洲,到一望无际的撒哈拉沙漠上考验自己在弹尽粮绝时的野外生存能力。

终于,在他19岁那年,凭着自己的坚强和年轻,斯尔曼不远万里来到了尼泊尔,来到了世界第一高峰珠穆朗玛峰的脚下——他要首先登上这座世界最高的雪山,在珠峰之巅和他父母的灵魂相会。一个身有残疾的人要征服珠穆朗玛峰,斯尔曼的壮举引起世界各国新闻媒体的瞩目。

经过半个月艰苦卓绝的攀登,在暴风雨、雪崩、零下几十摄氏度的严寒威胁下一次次死里逃生后,斯尔曼以残疾之躯终于登上了世界最高峰珠穆朗玛峰,站到了地球之巅。他的壮举,赢得了举世的崇敬。当众多媒体在他载誉归来争抢着采访他时,他只说了一句话:"因为这是我父母遗嘱中提到的一座山,还有阿尔卑斯、乞力马扎罗……许多高山还在等着我呢!"

21岁时,斯尔曼登上了阿尔卑斯山。

22岁时,斯尔曼登上了乞力马扎罗山。

28岁前,斯尔曼一座一座地全部登上了父母遗嘱中所开列给他的高山。

扫除梦想之路上的障碍,需要信念来支撑。信念是一种力量,信念是一种生活态度,信念能给人带来勇气,人们要及时更新自己的信念,调转人生的方向。踏上漫漫人生路,如同在崎岖的山道上攀登,延伸我们的信念,让它贯穿我们的整个生命,我们才能让生命更为丰盈。

将梦想之绳抓在手心

每个人都有自己的梦想,有的人高高挂起,时时想念,却不付诸行动,这样梦想终究会变成幻想。殊不知,自己的梦想,只能靠自己的努力去实现,没有任何人能帮得了我们。我们只要将梦想之绳抓在自己的手心,放出长长的线,那么梦想就能高飞。

一天,一位青年漫步在香榭丽舍大街上,欣赏着流光溢彩的现代化都市的繁华,快速成功的渴望在他的心底强烈地燃烧起来。

他清楚自己身份卑微,除了年轻和梦想,几乎没有任何优势可言。而要靠自己一点点地打拼,似乎又太缓慢、太艰难了,他想借助别人为走一些捷径。于是,他揣着自己的梦想,开始四处拜访自己崇拜的社会名流。但迎接他的却是一连串的失望,除了收到一大堆的鼓励以外,没有一位名流能够真真切切地助他一臂之力。

满怀失落的他,拖着疲惫的身子在黄昏的大街上踯躅着,不知不觉间来到希尔顿大饭店门前。他呆呆地立在那里,用羡慕的目光

第六章 先有"人脉存折",后有"成就存折"

打量着饭店前那一台台豪华的名车,和那些进进出出的衣着光鲜、时尚的成功人士,自己眼下的卑微与心中高远的梦想,一时间搅得他心海难平。

他那有些奇异的举止,引起了一位精神矍铄的老者的注意。老者慢慢地走到他跟前问道:"年轻人,有什么需要帮助的吗?"

"我有一个很大的梦想,希望有人帮我实现,但一直没有这个人。"他神色抑郁道。

"什么样的梦想,不妨说出让来让我听听。"老者面含微笑。

"不说那些遥远的梦想了,我现在的梦想,就是能走进这样金碧辉煌的大饭店,在那间最好的包房内,听着优美的钢琴曲,慢慢地品味最精美的大餐。"他不愿再谈自己远大的抱负,顺口说了一个近期的愿望。

"如果你愿意,你跟着我来,我现在就可以帮你实现这个梦想。"老者做了一个邀请的动作,带着他朝饭店里走去。

他真的被领进了只有在电视上才见过的世界最高档的餐厅,坐到了柔软的皮椅上,听到了最动听的音乐,并被告知菜单上所有的菜肴,他都可以任意地点,最后由老者来付费。原来,那位老者正是这家饭店最大的股东亨利先生。

"谢谢您,我懂得自己该怎么做了……"他突然放下手中制作精美的菜单,朝老者深鞠一躬,急匆匆地离开了饭店。

10年后的一天,亨利突然接到在零售业界不断制造奇迹的凯特的一个电话,说他要专程来拜谢亨利,感谢亨利曾帮助他走上了成功之路……

亨利感到困惑：自己并不曾与凯特打过交道啊，又何谈曾帮助过他呢？不会是凯特记错了吧？

当一位风流倜傥的中年人站到亨利面前时，亨利不禁惊讶地喊道："原来是你啊！"

凯特激动地点头："谢谢亨利先生，正是当年您把我领进饭店，让我真切地触摸到了梦想原来可以是那样的实实在在，让我在那一刻懂得了——别人固然能够帮助自己实现梦想，但那只是短暂一瞬，我应该把梦想握在自己的手里，像许多成功者那样，去一点一点地顽强打拼。"

亨利翘起了拇指："说得好，无论是高远还是近切的梦想，都应该握在自己的手里，自己慢慢地去圆。"

一分耕耘，一分收获。只有付出才有收获。只有我们劳动了，才会获得生活给我们的奖励。天上不会掉一个大馅饼下来。有梦想是好的，但是这个梦想一定要靠自己的努力达成。这样的人生才是无悔的人生，才是最有意义的人生。

曾担任美国国务卿的赖斯是从一个备受歧视的黑人女孩成长为著名外交家的。在20多年的时间里，她付出了"8倍的辛劳"，奇迹般地完成了从丑小鸭到白天鹅的改变，但最重要的是她在儿时就树立了远大的志向，她的奋斗历程充满了许多传奇色彩。

赖斯小时候，美国的种族歧视还很严重，特别是在她所生活的城市伯明翰，黑人的地位非常低下，处处受到白人的歧视和欺压。

赖斯10岁那年，全家人来到首都华盛顿观光游览，就因为是黑色皮肤，他们全家被挡在了白宫的大门之外，而不能像其他人一

第六章 先有"人脉存折",后有"成就存折"

样走进去参观。小赖斯感到了很大的羞辱,咬紧牙关注视着白宫,然后转身一字一顿地告诉爸爸:"总有一天,我会成为那座房子的主人!"

小赖斯的勇敢志向,让她的父母十分赞赏,并经常告诫她:"要想改善咱们黑人的状况,最好的办法就是取得非凡的成就。如果你拿出双倍的劲头往前冲,或许能获得白人一半的地位;如果你愿意付出4倍的辛劳,就可以跟白人并驾齐驱;如果你能够付出8倍的辛劳,就一定能赶到白人的前头。"

从此以后,赖斯为了能让自己"赶在白人的前头"这一目标的实现,十年如一日,付出超过他人"8倍的辛劳",发奋学习,积累知识,增长才干。26岁时她已经成为斯坦福大学最年轻的女教授,随后还出任了这所大学最年轻的教务长。此外,赖斯还用心学习网球、花样滑冰、芭蕾舞、礼仪训练等,而且获得过美国青少年钢琴大赛第一名。凡是白人能做的,她都会尽力去做;白人做不到的,她也要努力做到。最后她终于成功了,昂首挺胸,堂堂正正地走进了白宫,成为美国历史上第一位黑人女国务卿。当有人问起她成功秘诀的时候,她说:"因为我树立了远大的志向,一定要像雄鹰一样展翅翱翔,付出了努力才会成功。"

赖斯为了实现进白宫的梦想,十年如一日,付出超过他人"8倍的辛劳",发奋学习、积累知识、增长才干,最终她的付出得到了回报。可见,只有把自己的梦想掌握在自己手中的时候,人生才会更精彩。

每个人的人生路都是需要自己去走的。总是整天做白日梦或是

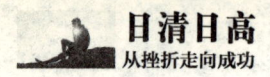

依靠别人的帮助,是没有办法实现自己的梦想的。潜能激励专家魏特利说:"没有人会总带着你去钓鱼,要学会自立自主。"诚然,我们想要实现梦想,就一定不能抱着侥幸的心理,而是应该依靠自己的努力,不断朝着梦想迈进。

光靠想,无法实现梦想

英国评论家亚瑟·西蒙斯曾说:"只要我们能够选择自己的命运,把握自己的命运,那么一切梦想都会成真。只要我们的精力充沛、坚持不懈,我们就能得到一切想要的东西。只有少数人能成功,就是因为只有少数人有一个伟大的梦想,并为之而坚持不懈地奋斗。我们看到的是,有些人不分昼夜地工作,所以他们能够获得成功。而那些成天做白日梦的人,永远也不会梦想成真。"心中有梦,是迈向成功的第一步。要想获得成功,实践才是关键!不要认为,拥有梦想是件很了不起的事情,好多人的梦想最后都成了空壳。光靠想,无异于白日做梦,这样梦想永远不会成真。

贫民窟里住着一个老乞丐,他每天站在街口乞讨,到了晚上总免不了向上帝祈祷:希望自己的诚心能够感动上帝,创造奇迹让自己发财。

一天,当他祈祷完毕,抬头一看,竟然有一位天使站在眼前。天使对他说:"上帝被你的虔诚打动了,他可以帮助你实现三个

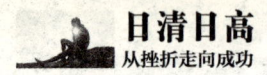

愿望。"

老乞丐心中大喜,立刻许下了第一个愿望:要变成一个有钱人。刹那间,他就置身于一座豪华的大宅院中,身边有无数的金银财宝。

接着,老乞丐马上又向天使许下第二个愿望:希望自己能年轻50岁。果然,一阵轻烟过后,老乞丐变成了20岁的年轻小伙子。

这时,他兴奋到了极点,说出了第三个愿望:一辈子不需要工作。天使点了点头,他立刻又变回了那位老乞丐。

乞丐奇怪地叫道:"这是为什么?天使,你是不是弄错了?"天使的声音从天边遥遥地传了过来:"工作是上帝给你最大的祝福。想一想,如果你整天无所事事,那是多么可怕的一件事!只有投入工作,你才有生命的活力。现在你把上帝给你的最大的恩赐放弃了,当然就一无所有了!"

愿望不是空想,关键在于行动。如果只是一味地想着去得到什么东西,却没有实际行动,不愿努力与勤奋,那就什么也得不到。成功是需要付出的,只有付出才会有收获。付出多少,就会得到多少,这是一种最公平的劳动。

播下一颗行动的种子,我们将收获一种习惯;播下一种习惯,我们将收获一种性格;播下一种性格,我们将收获一种命运。不要让梦想从身边溜走,做一个敢想敢干的人,让梦想成真。

朱亚林是个普通的青年教师,他决心让儿时的梦想变为现实,要做一只能载人的纸船。当他说出自己的想法时,没有一个人相信,更不会有人支持他。客气一点的,说他是异想天开;不客气的,干脆劝他安心工作,不要胡思乱想。连3岁小孩都知道,纸一入水,

第六章 先有"人脉存折",后有"成就存折"

很快就会浸湿泡软,想让纸船载人,简直是天方夜谭。朱亚林不这么想,薄薄的一张纸,肯定入水就化,如果是许多张纸粘叠在一起呢?没有人试过,他决心一试。

纸船载人,理论上不难解决,根据浮力公式,再结合自身体重,就能计算出纸船需要多大的体积。可真正动手做起来,就没那么简单了。

首先是材料问题。卫生纸和报纸等吸水性太强,显然要排除。经过反复试验,他选用了吸水性不强的广告宣传页等废纸作为原材料,可以防止船体漏水。

起初,他做出来的纸船是方方正正的,人们说这哪是船啊,分明就是个柜子,放进水里恐怕走不动。他想了许多办法,却做不出一只像样的船。那段时间,晚上做梦他都梦见纸船。

终于有一天,他从梦中得到了灵感。他花了5年时间,经过反复论证和无数次试验,终于用糨糊和废纸做出了第一只载人纸船,一米多长,两头尖尖,设计载重360公斤,理论上坐他一个人不成问题。

第一次下水试航,别人都为他捏了把汗,他不会游泳,毕竟是纸糊的船,万一沉了会出人命的。为了安全起见,他请了一条渔船护航,却把船老大吓坏了:"我活了60年,没见过纸船能坐人,听都没听过!"朱亚林小心翼翼地坐上纸船,尽量保持身体平衡,用木棍划动纸船,稳稳地驶向河中央,居然不沉!

一个月后,他带着纸船去挑战岷江。他乘坐自己做的纸船,用了11个小时,在水上漂流了80公里后,成功登岸。他的名字出现在报纸和电视上,他告诉记者:"看到水面漂浮的杂草从我身边快速流过,心里面还是有些打鼓。"对他来说,这是一次成功的冒险。梦想到底战胜了恐惧,但他并不满足,他真正的目标是大海。

第一次下海试航,他信心百倍,用力划动纸船前行。可是海上风急浪高,他勉强划出几百米远,一个浪头打来,船翻了,满满一船的信心,随之沉入海底。

首航即遭遇惨败,他对梦想的执着却感动了无数人,就在他苦闷沮丧之时,一位专业漂流队员给他打来电话,表示愿意帮助他。纸船要在海上航行,除了要解决防水和载重问题,还必须加强纸船的强度和抗风浪能力。在专家的指点下,他重新试验,不久又做出了一只更加坚固的纸船。

再次出海,他用一副乒乓球拍做船桨,在海上顺利漂流了38分钟,并在预定地点上岸。他成功了,一个近乎荒诞的梦想,此刻变为现实。

有怀疑的目光,也有鼓励的掌声;有成功的喜悦,也有失败的沮丧;时而风平浪静,时而惊涛骇浪;有未知的风险,也有追逐梦想的刺激。小小的纸船,承载的不就是人生吗?人人都有梦想,但不是每个人都能梦想成真,有的人只会想,有的人会去做。只想不做的人,永远也收获不到成功的喜悦;想了就去做的人,才能迎来人生的曙光。

第七章
淡定的人生最幸福

我们有很多的人都有很好的想法，但就是缺乏行动，以至于最终毫无建树，无法实现自己的人生价值。行动是走向成功的一种永恒的推动力，当很多人都抱着消极和等待的态度坐视的时候，我们要相信自己的能力，积极地行动起来。这种行动能够在很大程度上激励和鼓舞我们全力以赴，最终达到我们的目的。

日清日高
从挫折走向成功

付诸行动，用行动创造奇迹

现实在此岸，理想在彼岸，看似很近，却又很遥远。唯有用行动架起稳固的桥梁，我们才能渡过中间湍急的河流。只有行动才能创造奇迹！在行动的过程中，量变渐渐引起质变，而每一次质变都将是我们人生的一次飞跃。当这种飞跃不断持续下去时，奇迹便会发生。

世界闻名的飞机大王霍华德·休斯于1905年12月24日出生在美国休斯敦，其父亲是位石油投机商。16岁时，他的母亲因一次医疗事故不幸去世。更为不幸的是，两年之后他的父亲死于心脏麻痹。年仅18岁的霍华德继承了父亲75万美元的资产，成为休斯公司的董事长，开始了单枪匹马闯天下的生活。

年轻的霍华德对电影拍摄很感兴趣，然而最初踏入电影界时并不顺利。不过，执着的休斯对电影并没有失去兴趣，而是在不停地寻找机会。

霍华德酷爱驾驶飞机。一次，当他驾驶着飞机在空中翱翔时，

第七章 淡定的人生最幸福

突发奇想：拍一部表现空战的片子不是会很受欢迎吗？他想到1918年第一次世界大战中，英国空军中校达宁率领数架索匹兹骆驼号战斗机从战舰上起飞，任务是轰炸德军东得伦空军基地。那是一次极为成功的越洋轰炸，英军只损失了1架飞机，而德军的两艘军舰和两只飞艇都被击沉。休斯非常果断，决定将这次空战搬上银幕。为了取得最佳的影视效果，他准备用真正的飞机拍一部比实战更刺激、更壮观的空中大战片，片名暂定为《地狱天使》。

霍华德立即行动起来，不惜花费210万美元租用了数十架飞机，其中包括著名的骆驼号轰炸机、德国的佛克战斗机、法国的斯巴达战斗机、英国的SE5战斗机，邀请了100多名优秀的飞行员，雇佣了2000名临时演员，聘请的摄影师人数几乎占好莱坞摄影师总数的一半。影片的演员阵容空前强大，整个美国电影界都为之震惊。结果，《地狱天使》取得了巨大的成功。

霍华德是一个敢于用行动创造奇迹的人，他没有满足于坐在飞机上对鼓舞人心的轰炸场面进行幻想，而是敢为人先，将其成功地搬上了银屏。除此之外，他在驾驶飞机方面也向世人展示了奇迹是如何发生的。

他曾参加了一次全美短程飞行比赛，以302公里的时速一举夺冠。然而他并不满足，又确立了更高的目标。1927年，被美国人称为"世纪英雄"的美国飞行员林白驾机飞越大西洋，整个世界为之轰动，霍华德决定打破林白的世界纪录。考虑到驾驶传统的飞机难以成功，他开始致力于新型飞机的研制。为此，他高薪聘请了两位优秀的飞机设计师：欧提卡克和帕玛。欧提卡克是一位机械工程师，同样热衷于飞行；帕玛对制造新型飞机有许多天才的构想。对疯狂追求速度的休斯来说，他们两个人都是不可多得的人才。后来，他们用了一年零三个月的时间，制造出机身长为 8 米，机翼长为 7.6 米的Ⅲ型单翼飞机。该飞机造型独特，机身特别短，试飞人员都不敢驾机试飞，而霍华德却决定亲自试飞。

1935 年 9 月 12 日，一切工作准备就绪，天色已接近黄昏，负责速度测试的裁判技师建议次日再飞，霍华德却等不及了。他穿上飞行服后便跳进机舱，然后启动了引擎，飞机缓缓飞上了天。

第一次测试速度达到 556 公里每小时，裁判技师通过无线电告诉他：因为飞机没有做水平飞行，违反航空协会的规则，成绩被迫取消。霍华德·休斯毫不气馁，又做了第二次飞行。

"世界纪录！创造了世界纪录，时速已达 566 公里！"裁判兴奋地叫喊着。

欣喜若狂的霍华德·休斯没有立刻降落，他还想创造新的世界纪录。第三次试飞只有 542 公里，霍华德·休斯不甘心，决定再飞一次。奇迹出现了，"567 公里"。休斯又创造了一个新的世界纪录。

不过，霍华德·休斯并没有止步。他依旧为了挑战环球飞行纪录，不断努力着。

看到霍华德·休斯的成功后，有人或许会说："奇迹对穷人来说是个奢侈品，它通常只会在富人面前搔首弄姿。"其实，并不完全是这样。因为，生命的本身就是一个奇迹，用奇迹般的生命来创造奇迹是完全可能的。否则，石头下的小草就无法生存，一粒种子就无法在没有任何外力的情况下从土壤中破壳而出，迎接阳光。

第七章　淡定的人生最幸福

张倩是一家大型整容医院的护士，作为一个从农村出来的姑娘，她对自己未来的发展有很高的期望。在三年内当上护士领班，这是张倩短期的目标，不过在旁人看来，这个目标实现起来并不容易。张倩面临的最大问题是她的学历太低，只有中专卫校学历。在她所在的那个医院里，她的学历是倒数前几名。虽然她的护理水平很高，但那薄薄的一纸文凭却挡住了她发展的道路。

面对自己的困境，张倩很有自知之明。因此，她对自己的工作一直保持着一种不断进取、努力争取的心态。在工作中，她尽量放低身段，抓住一切机会向别人学习。同时，在单位心甘情愿地做"绿叶"充当大家的帮手。很快，勤奋好学而又成绩突出的张倩得到了大家的注意和赏识。虽然她的学历不高，但每次评优得奖都有她的份。护士长更是拿她当成护士站的一个标兵。参加工作仅仅一年，一个培训的机会就降临到了张倩的头上。

有了好的学习机会，张倩更加努力了。她没有因为一时的成绩而沾沾自喜，而是更加积极主动地去工作、去拼搏。虽然医院允许她脱产学习，但是张倩却没有像其他同事那样真的不再去医院上班，而是坚持每周有两到三天到医院工作——当然，这个时间都是学习的间歇。

张倩的努力与积极进取让她获益良多。在此后的一年时间里，她无论是工作能力、知识水平还是人际关系，都有不错的进步。这让医院领导格外关注。就在她进入医院的第三个年头，她如愿成为了护士长助理。下一步，她给自己制定的目标是成为医院分科护士长。

凡人企盼奇迹发生在自己身上，比如一夜暴富、一举成名、一

鸣惊人等。不过,这种企盼多数是在梦中实现的。欲成大事者则不同,他们不愿意用幻想来麻醉自己,因为他们知道人总会清醒的,幻想过后要面对的是幻想与现实间的巨大落差带来的巨大痛苦。与其如此,不如将承受巨大痛苦的时间和精力付诸行动,用行动来创造奇迹。

集中精力,专注于一个目标

　　心里的想法过多使很多人不能将精力专注于一项事业,他们总是目标多多,反而错过了许多近在眼前的景色,丢掉了一些可以马上把握的机会。人无法专注,总是做着这件事,又想着那件事,结果什么都做不好。内心的挫折感不断加大,结果只能是脚步匆匆却再也没有成功的机会。

　　有两个学生去跟国际象棋大师摩根学习下棋。其中一个学生每次听课都全神贯注,一心一意地听大师讲解棋道;而另一个学生虽然很聪明,但上课时总是心不在焉,而且他今天想学下棋,明天又想学画画,不时地有新想法冒出来。一次上课时,有一群白天鹅落到窗外花园里,那个专心的学生连头都没有抬一下,浑然不觉。而心不在焉的学生虽然看着也在认真听讲,但心里却想着去花园看天鹅,而且想着有一天要做一名出色的动物学家。若干年后,那位专心致志的学生成了一名出色的棋手,而另一位却一事无成。

　　一个人的精力是有限的,把精力分散在好几件事情上,不是明

智的选择,而是不切实际的考虑,因为在通常状况下,这样几件事情都不会做得很好。而如果每次专心地只做好一件事,精力便能够集中,也必定有所收益。等这件事做完后,再去做下一件事,这样每件事都能够做得很好。

我们每天都花一点点时间问一下自己的内心:你真正想要的是什么?什么才是你人生中最主要的?慢慢地,我们会发现,那些遥远的、不切实际的东西都是我们行动的累赘,而那些离我们最近的事物才是我们的快乐所在。把精力集中在最能让我们快乐的事情上,别再胡思乱想而偏离了正确的人生轨道,才是我们要做的事情。

伊雷尔身材不高,相貌平平,没有什么过人的天赋,但在学习中有股近乎痴迷的专注劲儿。小时候在法国,家境还很宽裕的时候,他受拉瓦锡的影响,对化学着了迷。那时候他父亲皮埃尔是路易十六王朝的商业总监,兼有贵族身份,谁也想不到这个家庭在未来的法国大革命中会险遭灭顶之灾。拉瓦锡和皮埃尔谈论化学知识的时候,小伊雷尔稳稳当当地坐在旁边,竖起耳朵听着。他对"肥料爆炸"的事尤其感兴趣。拉瓦锡喜欢这个安安静静的孩子,把他带到自己主管的皇家火药厂玩,教他配制当时世界上质量最好的火药。这为他将来重振家业奠定了基础。

若干年后,他们全家人逃脱法国大革命的血雨腥风,漂洋过海来到美国。他的父亲在新大陆上尝试过7种商业计划——倒卖土地、货运、走私黄金……全都失败了。在全家人垂头丧气的时候,年轻的伊雷尔苦苦思索着振兴家业的良策。他认识到,目前战火连绵,盗匪猖獗,从事商品流通有很大的风险,与其这样,倒不如创办自己的实业。

可是有什么可以生产的呢？这个问题萦绕在他的脑海里，就连睡觉时他也在想。有一天，他与美国陆军上校路易斯·特萨德到郊外打猎，他的枪哑了3次，而上校的枪一扣扳机就响。上校说："你应该用英国的火药粉，美国的太差劲。"一句话使伊雷尔茅塞顿开。他想：在战乱期间，世界上最需要的不就是火药吗？在这方面，我是有优势的，向拉瓦锡学到的知识，会让我成为美国最好的火药商。

后来，他就靠着一股专注劲，克服了许多困难，把火药厂办了起来，办成了举世闻名的杜邦公司。

伊雷尔的专注表现在他对火药配制的思索和钻研，也正是他从小对火药的兴趣和专注，激发了他最后成为了美国最好的火药商。

一次只专心做一件事，全身心地投入并积极地希望它成功，这样就不会感到精疲力竭。不要让自己的思维转到别的事情、别的需要或别的想法上去，专心于自己正在做着的事。选择最重要的事先做，把其他的事放在一边。做得少一点，做得好一点，专注一件事，循序渐进，一件一件地做，就会得到更多的收获。

尼采说："始终全神专一的人可免于一切的困窘。"历史上，平庸者成功和聪明人失败一直是一件令人惊奇的事。原因在于，那些看似愚钝的人有一种顽强的毅力，有一种在任何情况下都坚如磐石的决心，有一种从不受任何诱惑、不偏离自己既定目标的专注力。是专注力使所谓的平庸者最终获得成功，而所谓的聪明人恰恰由于聪明而缺乏专注力最终导致失败。

专注对于人生的重要性不言而喻，有化腐朽为神奇之功力。无

论是谁，如果不趁年富力强的黄金时期养成自己善于集中精力的好习惯，那么以后一定不会有什么大成就。世界上最大的浪费，就是把一个人宝贵的精力无谓地分散到许多不同的事情上。一个人的时间有限、能力有限、资源有限，想要样样都精、门门都通，绝不可能办到。如果我们想在某一个方面做出什么成就，就一定要牢记这条法则：专注于一个目标上。

充分的准备是成功的前提

做任何事情，都不能盲目行动，否则结果是一塌糊涂。只有分析、勾画前景蓝图，安排优先顺序，拟定策略，才能有利于接下来的行动。计划做得越完善，出现错误的可能性就越小。如果做到了这一点，那么你接下来的行动就会有条不紊了。卡耐基说："让准备成为一种习惯吧，它会使你受益无穷！不为明天做准备的人永远不会有未来。"要取得成就，就必须在明确了自己的目标之后，对需要执行的每一步都做好准备。

1976年的冬天，19岁的杰克在休斯敦大学主修计算机。他是一个狂热的音乐爱好者，同时也具有一副天生的好嗓子，对于他来说，成为一个音乐家是他一生中最大的目标。因此，只要有多余的一分钟，他也要把它用在音乐创作上。

杰克知道写歌词不是自己的专长，所以又找了一个名叫玛丽的年轻人来合作。玛丽了解杰克对音乐的执着。然而，面对那遥远的音乐界及整个美国陌生的唱片市场，他们一点渠道都没有。

在一次闲聊中，玛丽突然从嘴里冒出了一句话："想象你五年后在做什么？"

杰克还来不及回答，她又抢着说："别急，你先仔细想想，完全想好，确定了再告诉我。"

杰克沉思了几分钟，开始说："第一，五年后，我希望能有一张唱片在市场上，而这张唱片很受欢迎，可以得到大家的肯定；第二，五年后，我要住在一个有很多音乐家的地方，能天天与一些世界一流的音乐家一起工作。"

玛丽听完后说："好，既然你已经确定了，我们就把这个目标倒过来看。如果第五年，你有一张唱片在市场上，那么你的第四年一定是要跟一家唱片公司签上合约。

"那么你的第三年一定是要有一个完整的作品，可以拿给很多很多的唱片公司听，对不对？

"那么你的第二年，一定要有很棒的作品开始录音了。

"那么你的第一年，就一定要把你所有要准备录音的作品全部编曲，排练好。

"那么你的第六个月，就是要把那些没有完成的作品修饰好，然后让你自己可以一一筛选。

"那么你的第一个月，就是要把目前这几首曲子完工。

"那么你的第一个礼拜，就是要先列出一个清单，排出哪些曲子需要修改，哪些需要完工。

"你看，一个完整的计划已经有了，现在你所要做的，就是按照这个计划去认真地准备每一步，一项一项地去完成，这样到了第五年，你的目标就实现了。"

说来也奇怪，恰好是在第五年，1982年时，杰克的唱片开始在北美畅销起来。

伏尔泰说："人生来就是为了行动的，就像是火焰总要向上蹿，石头总要向下坠一样。没有行动，这个人等于不存在。"这肯定了行动的重要性。但行动不应该是盲目的，而是应该提前做好计划的。就像故事中的杰克那样，按照计划一步一步地去实现目标。

不管做什么事情，光有目标是不够的，还必须有一个详细的计划，然后把计划中的每一步准备好，接下来的事情就很简单了，只要一步一步地去完成就行了。当我们把最后一步完成的时候，就会发现，目标已经实现了。

伯利恒钢铁公司总裁舒瓦普对公司的低工作效率非常头疼，他请来了效率专家李·艾米对企业进行诊断。

舒瓦普说："我们都知道自己的目标和计划，但不知怎样才能更好地执行。"

李·艾米表示，让他与公司每位经理谈五分钟，他即可改善公司的工作效率，增加公司的销售额。

舒瓦普问："我要花多少钱？"

李·艾米说："您不用马上给我钱，等你认为有效果了，你觉得该值多少钱，寄张支票给我就行了。"

舒瓦普同意了。

李·艾米与每位经理都谈了五分钟。谈话的内容很简单，只要求他们在每日工作终了时，将次日需要完成的六件最重要的工作写下来，并依重要性顺序编号。次日早晨从表上的第一件工作开始，每完成一项便将它从表上划去，若有当日没完成的工作，则必须列入次日的表中。每位经理须切实执行三个月。

整个会见历时不超过一个小时。几个星期之后，李·艾米收到了一张三万美元的支票和一封信。舒瓦普在信中说，从钱的观点上看，那是他一生中最有价值的一课。

李·艾米也给我们上了一课，他使我们意识到，在开始每天、每周、每月甚至每年的工作之前，一定要清楚在这期间要做的最重要的事是什么，并把它清清楚楚地列出来。这样的准备工作是最有效的。

著名的哲学家安冬尼曾说："首先到达终点的人往往不是跑得最快的人，而是那些集智慧和力量于一身的、会做出明智选择的人。"机遇不是留给那些无准备之人的。要想改变命运，首先要做好充分的准备，当然了，准备必须合乎实际才能有效。

有一家著名的企业招聘销售经理。该公司开出的丰厚的薪水和各项福利待遇吸引了几百名高学历及高素质的人前来应聘。经过初试和复试，最后剩下了8名求职者。主考官对这8名应聘者说："下个星期是面试的时间，你们回去好好准备一下。面试的时候，会由公司总裁来亲自面试你们。"

一个星期过去了，8名应聘者都按时来到了面试现场。经过一番问答之后，一名其貌不扬的人被录用。有很多人对此感到不解，他们认为，自己的能力远远超出了这位被录用的人。总裁见到他们愤愤不平的样子，就对他们说："知道我为什么要选择他留下来吗？"

那几个人没好气地说:"是不是你们公司是武大郎开店——高者莫进啊?"

总裁笑了,告诉他们说:"其实,那个人并不是最优秀的。为了这次面试,你们都做了非常充分的准备,比如得体的服装、娴熟的面试技巧。但是,你们的这些准备只是在盲目地复制别人的经验,只是一些程式化的东西。然而,那个人却和你们不同,尽管他的服装没有你们的考究,谈吐不如你们的流利,但是他在这一个星期的时间内却做了和你们不一样的准备,难能可贵的是,他的准备又是非常务实的。他对本公司产品的市场情况及其他公司同类产品的情况做了非常深入的调查和分析,并且写了一份市场调查报告。这样的人,才是我们公司所需要的。"

充分准备,是成功的前提,是对自己的前途和人生负责任的表现。这些面试者,或许拥有着非常高的职业技能,但他们的准备只是一些表面化的东西,最终与这个诱人的岗位擦肩而过。

无论是在生活上还是在事业上,我们做事情之前都要充分准备,并且做积极有效的准备,只有这样才能够得到想要得到的东西。无限风光在险峰,要想领略山顶的风景,我们就应该在山脚下做好充分的准备,之后沿着阶梯一步一步地攀爬!

成功青睐于有进取心的人

有人经常会这样对自己说:"这件事太微不足道了,我何必费心去做呢。"正是这种借口让人心安理得地放弃了努力去做的想法。而找借口的人却不知道,解决大问题时所需的能力与经验,正是在解决这些小任务的过程中不断历练出来的。有进取心的人,从来不找借口,他们心中有明确的目标,哪怕只有万分之一的机会,也决不放弃。他们总是会靠自己的力量,找到最后的星光,并借这希望之光,走向人生的巅峰。

威尔逊先生是一位成功的企业家,他从一个普普通通的事务所小职员做起,经过多年的奋斗,最终拥有了自己的公司。

有一天,威尔逊先生从他的办公楼走出来,刚走到街上,就听见身后传来"嗒嗒嗒"的声音,那是盲人用竹竿敲打地面发出的声响。威尔逊先生愣了一下,缓缓地转过身。

那盲人感觉到前面有人,连忙上前说道:"尊敬的先生,您一定发现我是一个可怜的盲人,能不能占用您一点点时间呢?"

第七章 淡定的人生最幸福

威尔逊先生说:"我要去会见一个重要的客户,你要说什么就快说吧。"

盲人在一个包里摸索了半天,掏出一个打火机,说:"先生,这个打火机只卖两美元,这可是最好的打火机啊!"

威尔逊先生听了,叹了口气,把手伸进西服口袋,掏出一张钞票递给盲人:"我不抽烟,但我愿意帮助你。这个打火机,也许我可以送给开电梯的小伙子。"

盲人用手摸了一下那张钞票,竟然是100美元!他用颤抖的手反复抚摸着钱,嘴里连连感激道:"您是我遇见过的最慷慨的先生!仁慈的富人啊,我为您祈祷!上帝保佑您!"

威尔逊先生笑了笑,正准备离开,盲人拉住他,又喋喋不休地说:"您不知道,我并不是一生下来就瞎的。都是23年前布尔顿的那次事故!太可怕了!"

威尔逊先生一震,问道:"你是在那次化工厂爆炸中失明的吗?"

盲人仿佛遇见了知音,兴奋得连连点头:"是啊是啊,您也知道?这也难怪,那次光炸死的人就有93个,伤的人有好几百,可是头条新闻哪!"

盲人想用自己的遭遇打动对方,争取多得到一些钱,他可怜巴巴地说:"我真可怜啊!到处流浪,孤苦伶仃,吃了上顿没下顿,死了都没人知道!"他越说越激动,"您不知道当时的情况,火一下子冒了出来!仿佛是从地狱中冒出来的!逃命的人群都挤在一起,我好不容易冲到门口,可一个大个子在我身后大喊,'让我先出去!我还年轻,我不想死!'他把我推倒了,踩着我的身体跑了出去!我失去了知觉，等我醒来，就成了瞎子，命运真不公平呀！"

威尔逊先生冷冷地说："事实恐怕不是这样吧？你说反了。"

盲人一惊，用空洞的眼睛呆呆地对着威尔逊先生。

威尔逊先生一字一句地说："我当时也在布尔顿化工厂当工人。是你从我的身上踏过去的！你长得比我高大，你说的那句话，我永远都忘不了！"

盲人站了好长时间，突然一把抓住威尔逊先生，发出一阵大笑："这就是命运啊！不公平的命运！你在里面，现在出人头地了，我跑了出去，却成了一个没有用的瞎子！"

威尔逊先生用力推开盲人的手，举起了手中一根精致的棕榈手杖，平静地说："你知道吗？我也是一个瞎子。你相信命运，可是我不信。"

胸怀进取心，在平时任劳任怨，不怕辛苦，只有这样才能不断增强自己的实力，为自己创造更多的机会，也只有如此，才能在机会出现的时候，有实力抓住它。那些以运气差为借口的人，总认为自己得不到机会只是运气问题，却忘记了"自助者天助"的道理。运气并不会偏向谁，机会是给有准备的人的。威尔逊与乞丐盲人不同的命运，就是最好的例证。生活中，只懂得找借口的人，完全丧失了进取心，就算机会真的来临了，他们也没有足够的能力去抓住它。

有进取心的人会主动去做应该做的事情，并把别人不要求他完成的任务一起完成。找借口的人不但只会被动地跟在别人的后面做事情，还会想尽办法把自己的事情推给别人去完成。所以成功只青睐有进取心的人。在生活中，我们要时刻告诉自己，做一个有进取心的人，不埋怨、不抱怨，就能彻底和借口划清界限。

有一个女孩，她是成功学大师拿破仑·希尔的秘书，其工作主要就是把拿破仑·希尔的信件进行拆阅、分类，记录下他口述的内容，然后把回复的内容整理好邮寄给写信的人。她的收入不高，跟最一般的书写员的薪水相当。

有一次，当她在记录拿破仑·希尔给别人的回信时，她看到拿破仑·希尔说的一句至理名言："你唯一的限制就是你自己脑海里给自己设定的那个限制。"她非常欣赏这句话，并被这句话震撼了。自此之后，她每天几乎都是最后一个下班，而且还主动分担了一些原来并不需要她做的工作。

有一天，当她把自己写好的回信拿给拿破仑·希尔的时候，拿破仑·希尔很惊讶地发现，她已经完全掌握了自己的说话风格。她通过钻研，将这些信写得几乎和拿破仑·希尔口述的一模一样，甚至某些地方比拿破仑·希尔口述的还要精彩。这个女秘书一直都保持着这种写信风格。

后来，拿破仑·希尔的私人高级秘书辞职了，急需有人顶替她。拿破仑·希尔很自然的就想到了这位女秘书，因为她在工作中是最积极主动的，最重要的是她已经透彻地掌握了拿破仑·希尔的演讲风格，是最能胜任这份工作的人。

这位女秘书通过自己的努力，在没有任何额外收入的情况下，坚持做拿破仑·希尔并不要求她做的事情，正是通过写一封封回信的训练，才使得她获得了更高的职位，也使自己的收入得到了大幅度提高。如果她像很多同龄的年轻女秘书一样，找这个借口，找那

个借口,推脱事情,那么恐怕她一辈子也得不到这份私人高级秘书的职位了。

　　拥有进取心的关键就是不要用收入衡量自己的付出。找借口的人总会说:"我拿这么一点点钱,凭什么让我做那么多的事情。"如果这样想,那么这个人就永远只能拿那么一点点钱,因为他只做了和这些薪水相符的工作。有进取心的人会做更多额外的工作,这些工作都是难得的锻炼能力的机会,只有自己的能力提升了,可以完成更重要的事情了,才有资格得到更高的回报。

第七章　淡定的人生最幸福

不要让借口成为拖延的温床

科学研究表明，人的大脑是一台非常精密的仪器，它的创造力远远高于我们的预期。大脑时常会呈现出富有灵感的想法，但甘愿失败的人则会找出无数条借口，来和大脑的灵感对抗。人们会说："反正不着急，这个想法等到明天再说吧。"可是到了明天，他早就把点子抛到了脑后。人们还可能说："现在条件还不成熟，等条件成熟了，再做也不迟。"可等条件成熟了，好的主意早就变成别人的行动了。人们还会说："这算什么，我要做就做一个最完美的，一鸣惊人。"可不付出实际行动的话，"完美"从何而来呢？

那些成就卓越的人，往往并不会在智商上高出平凡的人很多，大部分只是一般水平。人的成功并不取决于智商的高低，而是取决于对待事情的态度，那就是：遇到了问题，就要立即去解决。

美国混合保险公司的创始人斯特隆曾说："对我的人生影响最大的一句话就是'马上去做'。"这正是斯特隆的母亲从小教导斯特隆

的话,也是斯特隆一生的行为准则。

第二次世界大战后美国经济大萧条,使原本生意兴隆的宾夕法尼亚伤亡保险公司濒临破产。该公司归属于巴尔的摩商业信用公司,他们决定以160万美元的价格出售保险公司。当时的斯特隆已经拥有了一支非常优秀的保险推销队伍,这让他突然想到一个主意,并立即付诸了实践。他找到了商业信用公司的负责人,告诉他自己要购买他们旗下的这家保险公司。公司的负责人告诉他:"当然可以,需要160万美元。"

斯特隆说:"我没有这么多钱,但我可以向你们借。"这个想法让负责人惊呆了,斯特隆解释道:"你们商业信用公司不就是给别人做信用贷款的吗?我完全有把握把保险公司做好,然后再把借来的钱还给你们。"

斯特隆的建议意味着商业信用公司不但拿不到一分钱,还要借钱给斯特隆经营保险公司。但商业信用公司通过全面的调查,看到斯特隆以及他的优秀的保险团队,对他们的经营能力充满了信心。

最后,斯特隆没有花一分钱,就获得了这家保险公司,并把它经营成美国著名的保险公司。

借口是拖延的温床,它让很多本可以立刻得到解决的问题拖延很久。找借口的人总认为时间还很多,手边的事情可以暂时不用做,因为他们并不愿意立刻付出行动。如果每一件事情都可以暂时搁置起来,也就可以无所事事了。要想改变自己平庸的生活,就需要一个改变当下生活的动力:丢掉借口,立刻把自己的想法付诸实践。

第七章 淡定的人生最幸福

那些抱怨自己生活不如意的人并不知道，让他们无法改变现状的不是别人，正是他们自己。遇到了问题，就要马上去解决，不要让借口成为拖延的温床。

汉斯和里尼是非常要好的朋友。几年前，当他们两个人看到本地的人们开始摆脱过去那种自给自足的生活方式，穿鞋戴帽都趋向于商品化的时候，两个人就决定每个人都办一家服装厂。汉斯说干就干，立马就行动了起来。没过多长的时间，汉斯就将自己的产品推向了市场。

但是里尼却多了个心眼，他想先看看汉斯的服装厂的效益到底会怎么样。所以，他就没有行动，而是等一等。

汉斯的服装厂开办不久，就遇到了很大的困难：市场打不开，产品滞销，资金周转不灵，工资不能按时发放，工人的积极性都下降了不少……看到这样的情况，里尼不禁暗中庆幸自己当初没有行动，不然现在自己也会陷入到这样的困境中。

不过，顽强的汉斯并没有在困难面前倒下去。他积极地面对困难，一一想出办法去解决。一年之后，他的服装厂终于渡过了难关，利润也就滚滚而来。

里尼在看到汉斯的腰包一天天鼓起来的时候，后悔莫及。于是，他也开办了一家服装厂，但是为时已晚。因为汉斯早办了一年，他赢得了众多的客户和广阔的市场，这就导致里尼的客户寥寥无几。就这样过了几年之后，汉斯的营销网络遍布了美国各地，汉斯已经拥有了数亿美元的身价。而里尼的服装厂却已经沦落为替朋友的鞋厂进行加工，身价就更是少得可怜。

我们哪怕是有万种想法，如果不立即行动，也将一事无成。一个人要想做成某一件事，就必须积极地行动起来，投身到要从事的事情当中去。一开始我们的经验未臻成熟，可能处处不顺手，但坚持下来我们便胜任有余。

借口让成功寸步难行

生活中一旦出现了问题，借口便成为了挡箭牌，人们总是喜欢用这样或那样的借口来换取他人的同情和理解。然而找借口的人，到了最后，只能让自己在不断抱怨和痛苦中度过漫长的人生。拿破仑·希尔说："千万不要把失败的责任推给你的命运……世界上有无数人，一辈子浑浑噩噩、碌碌无为，他们对自己一生平庸的解释不外乎是'命运多舛''时运不济'。这些人仍然像孩子那样幼稚，他们只知道为自己所犯的错误找借口，却根本不知道去补救。由于他们一直想不通这一点，所以他们一直找不到可以改变命运的机会。"因此，人应该少找借口，多找出路。

王宝强成名前，是一个普通的民工，没有接受过任何影视方面的培训。但他凭着纯朴善良、忠厚老实的性格，在影视界取得了不错的成绩。

王宝强第一次接触武打戏是在电影《巴士警探》中，他的任务是做男主角的替身。一般来说，动作片的替身危险性非常大。王宝强要完成的动作是从一架两米多高的防火梯上直接摔倒在坚硬的水泥地上。这么危险的动作，想想都会让人发抖。

如果是一般人，可能会选择放弃。想找借口，也可以找出无数个。然而，王宝强却不这么想，既然决定做替身，就一定要做到最好。他上场了，第一次摔下来，导演不满意，说动作不到位。第二次，还是没过关，这时王宝强已经摔得浑身疼痛了。第三次、第四次、第五次……不知摔了多少次，导演终于说：通过。此时，王宝强已经不能动弹了。

他的这种敬业精神，让很多武术指导都感慨万分。别人是假摔，而王宝强是真摔。此后，他开始有了自己的名声，慢慢地从替身到配角再到主角，走向了事业的辉煌。

王宝强是一个普通人，但他工作起来十分努力，不找借口，靠着这种精神，终于走到了成功的彼岸。这给了我们深深的启示。无论我们做什么事都不要找借口，找借口只会让我们寸步难行。我们要明白，为未来找好出路比什么都重要。

1938年，惠尔特和普克德从斯坦福大学毕业后，向他人借来了538美元，成立了最好的惠普公司。他们的车间就是一件仅能存放一辆汽车的小车库。由于经验不足，他们的公司很快就陷入了困境：生产的音响调节器根本就引不起顾客们的兴趣，产品无人问津。公司即将倒闭，但他们没有被挫折吓倒，而是深入分析了已有产品的缺陷，从失败中总结经验，重新研发出了新一代产品。

让人惊喜的是，这些改良后的新产品一上市就受到了热烈欢迎。在产品面世第一周，他们就收到了几十张订单，其中包括大名鼎鼎的迪斯尼公司。

在新公司创办之初，惠尔特和普克德面临着一个又一个难题，但他们从不为自己的错误找借口，而是坦然面对，深入分析，尽快找到行之有效的解决方法。在惠普成长的几十年里，他们二人从来没有停止过寻找解决问题的办法。因此，惠普才会成为世界知名的大企业。

每个人的成长都是一个错了再试的过程，怯弱的人只会为自己的失败找借口，想以此博得他人的同情。但这于事无补，最终面对的还是失败的结局。成功者则不会为自己的失误和过失找借口，他们积极寻找解决问题的方法，从中吸取教训，调整策略，以便获得进一步成功。

有一条叫"阿兹"的鱼，它生活在距离非洲撒哈拉沙漠不远处的利比亚东部的一条河流中。这里白天的平均气温高达42℃，一年中除了秋季会有短暂的雨水外，其他绝大部分时间都骄阳似火，酷热难耐。

有一天，阿兹和一大批兄弟姐妹不幸被一个村民从河中打捞起来，并被随意抛在河岸上。阿兹被毒辣的太阳晒得头晕发昏，奄奄一息。它拼尽所有的力气蹦呀、跳呀，终于跳回到附近的淤泥中，捡回了一条命。但是，厄运似乎不肯放过阿兹。很快，又有一个村民要修补房屋。他从河床里取出一大堆淤泥，准备用它们做成泥坯。不巧，阿兹正好在这堆淤泥中。于是，它又被这个村民毫不知情地打进泥坯中。在烈日和高温下烤晒，直至泥坯从外到里都被晒得干透，烤得榨不出一丝湿气来，可怜的阿兹变成了墙的一部分。

墙中的阿兹已完全失水,没有任何食物,在烈日的炙烤下,它早已"人事不省",陷入彻底休眠状态。阿兹似乎只剩下死路一条。然而,在黑暗中整整等待了半年后,阿兹终于等来了久违的短暂雨季,雨水将包裹阿兹的泥墙轻轻打湿,一丝水汽缓缓渗入泥坯墙体。当阿兹的嘴触到一丝湿气时,奇迹发生了。它从深度休眠中醒过来,开始拼命地吸吮,将刚进入泥墙的水汽一点点吸入肺囊中,它知道这是唯一的自救办法。

当再无水汽可吸时,阿兹又开始了新一轮的休眠。很快,新房盖好后的第一年过去了,包裹着阿兹的那面泥墙坚若磐石,阿兹如同一块"活化石"被镶嵌在其中,一动不动。此时任何挣扎都是徒劳的,唯有静静等待。

后来,在外力作用下,泥坯墙体开始有了一些细微的松动。模糊中,阿兹凭借本能开始日夜不停地用全身去磨蹭泥坯,坚硬的泥坯刮擦着它的肌肤,但它忍着钻心彻骨的疼痛,始终没有放弃和停歇。它心中燃烧着一个坚定的信念:我要活下去!在它的坚持下,一些泥坯开始松散成粉末状,纷纷落下。接下来是继续痛苦的休眠和等待。重复这个法子,阿兹周围的空间大了许多,它甚至能略微挪动一下身体了。但是,此时的它还是无法脱身,泥坯墙外还有最后一层牢固的阻挡。阿兹只好暂时躲在泥屋的牢笼中养精蓄锐。

终于,一场暴雨在一个夜晚倾盆而至,随着雨水的浸润冲刷,泥坯开始松动、滑落,直至最后完全垮塌。此时,阿兹用尽全身最后一点儿力气,迎着狂野的暴风雨,一使劲,破土而出!

重见天日的阿兹发了疯一般,挣扎着爬向不远处的一条小细流中，那里有它熟悉的故乡的气息，有它渴望的雨水、食物、伙伴儿和一切。这条叫阿兹的肺鱼神奇地逃离了死亡的魔掌，赢得了重生！

遇到了困难，找借口是没有用的，找方法才是最可贵的。阿兹面对困境，选择了坚持，虽然这个过程是痛苦的，但坚持到了最后，它就是成功的。

成功者从不为自己的失败找任何自我安慰的借口，他们知道坚持和努力的重要，更明白从失败中寻找经验并把这些宝贵经验收集起来，就能构成下一个成功的起点。每一次失败都将给我们一个有益的教训，教训如同人生的教练，训练我们走向成功。

落实方法是取得成功的真理

制定目标的时候,我们可以坐下来用脑子去想,但制订完计划要实现目标却必须有扎扎实实的行动。当方法与计划设定好之后,我们应该坚决地投入到行动中去,观望、徘徊、畏缩都会使你耽误时间,以致让计划化为泡影。就像 ABB 公司前董事长巴尼维克曾说过的那样:"一位领导者的成功,5% 在于战略,95% 在于执行。"不仅仅是领导者,普通人也是如此。如果说目标是指引我们前进的灯塔,方法是我们能够游到灯塔下的保证,那么落实就是实实在在的关键。因为不管想得如何好,保证得如何妙,最后不一下一下地去游,我们也只能望灯塔而兴叹。

事实上,落实方法才能取得成功的真理,已经被无数优秀的成功者所证明了。

有一次,洛克菲勒在一家豪华酒店举办了一次宴会,宴会的参加者都是石油行业的人士。在查看签名本的时候,洛克菲勒意外地看到了一个签名:阿基勃特,每桶标准石油 4 美元。他隐约听说过,阿基勃特是自己麾下标准石油公司的一名普通销售人员。在签名本上有他的名字不是很稀奇，可是后面的"每桶标准石油4美元"是什么意思？要知道，当时的原油价格可是远远达不到4美元的。

洛克菲勒找来阿基勃特询问情况。在聊天中，洛克菲勒得知，这是阿基勃特的一种宣传方式。阿基勃特认为，使用所有能够使用的手段来推广标准石油的知名度，这是一个标准石油的销售人员必须坚持的目标。"每桶标准石油4美元"的提法往往令人感到难以置信，但同时它也是吸引人们眼球的好方法。所以他才为自己设计了这样一个小宣传方法：在所有需要他签名的地方，都写上这么一句。

洛克菲勒听了阿基勃特的介绍，心里高兴极了。他忍不住问阿基勃特："你觉得在工作之外的时间里，你还有义务为公司宣传吗？"阿基勃特反问道："为什么不呢？难道在工作之外的时间里，我就不是这个公司的一员吗？我多写一次不就多一个人知道吗？"

宴会结束后，洛克菲勒加大了对阿基勃特的关注。后来他得知，阿基勃特果然把他的这项计划落在了实处：他每次出差住旅馆时都会在签上自己名字之后再写上"每桶标准石油4美元"，就算是平时的书信和各类收据也不例外。哪里有他的签名，哪里就有"每桶标准石油4美元"的字样。他的同事送了他一个外号——"每桶4美元"。

5年以后，洛克菲勒卸职，他没有将第二任董事长的职位交给自己的儿子，而是交给了阿基勃特。这一任命出乎所有人的意料，包括阿基勃特自己。可是洛克菲勒却对自己的决定充满了信心。果然，阿基勃特没有辜负洛克菲勒的期望。在他的带领下，标准石油

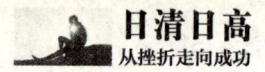

更加兴旺了。

在常人看来,签名的时候顺带着写上"每桶标准石油4美元"几个字,的确是一件很简单的事情,但如果我们身处阿基勃特的角色就会发现,这个简单的小计划要长时间落实下去是很难的,因为这需要极大的毅力和自制力。在阿基勃特的这件小事里,"每桶标准石油4美元"的确是一个不错的创意,可这也仅仅是个小创意罢了。使它起作用的,还是阿基勃特对于自己工作方法的落实。相信也正是这种坚持和落实的精神,让他走向了成功。

奥马尔是一个有作为的皇帝。他不仅有智慧,而且稳健、博学,为人们所敬仰。

有一次,一个年轻人问他:"您是如何做到这一切的,刚一开始您是否就已经制订了一生的计划呢?"

奥马尔微笑着说:

"到了现在这个年纪,我才知道只制订计划是没有用的。当我20岁的时候我对自己说:'我要用20岁以后的第一个10年学习知识;第二个10年去国外旅行;第三个10年,我要和一个美丽、漂亮的姑娘结婚并且生几个孩子;在最后的10年里,我将隐居在乡村地区,思考人生。

"终于有一天,在前10年的第7个年头,我发现自己什么也没有学到,于是我推迟了旅行的安排。在以后的4年时间里,我学习了法律,并且成为了这一领域举足轻重的人物,人们把我当作楷模。

"这个时候我想要出去旅行了,这是我心仪已久的愿望。但是各种各样的事情让我无法抽身离开。我害怕人们在背后斥责我不负责任,后来我只好放弃旅行这个想法。

"等到我40岁的时候,我开始考虑自己的婚姻了,但总是找不到自己以前想象中美丽、漂亮的姑娘。直到62岁的时候,我还是单身一个人,那时候我为自己这么大一把年纪还想结婚而感到羞愧。于是我又放弃了找到这样一个姑娘并且和她结婚的想法。

"后来我想到了最后一个愿望,那就是找一个僻静的地方隐居下来。但是我一直没有找到这样一个地方,如果因为疾病,我连这个愿望都完成不了。这就是我一生的计划,但是我没有将它们落实,所以一个也没有实现。

"孩子,你现在还年轻,不要把时间放在制订漫长的计划上,只要你想到要做一件事就马上去做。世界上没有固定的事物,计划赶不上变化,立刻行动吧!"

"实践出真知",只有想和做得到完美的结合时,才能达到巅峰。假如我们已经为自己的工作目标找好了方法、设定好了计划,那么我们就拥有了一半的成功机会。可仅仅是一半,因为成功机会的另一半需要我们在落实了方法、计划之后才能获得。

第八章
大胆点,人生能有几回搏

习惯别看不起眼,实则具有惊人的力量。它既能助人走向成功,也能带人滑向失败。如何选择,关键在于你自己。很多人能登上顶峰,其中得益于他们那些良好的习惯——勤奋、认真、虚心、踏实、惜时等等。这些好习惯是成功的因素,是主宰人生的力量。

学习是赢得成功的竞争法宝

在知识经济的新时代,知识就是财富,就是潜在的生产力,这是我们都毫不怀疑的事实。从来没有一个时代像今天这样尊重知识,也从来没有一个时代像今天这样要求我们掌握足够深、足够多的知识。想由默默无闻变成天下扬名,想由一穷二白变成家财万贯,就要注重知识的积累,只有知识才能把我们彻底地变成有才能的人、富有的人、杰出的人。

世界不断变迁,任何一个组织内的人员都要跟着改变。组织需要其成员掌握新技巧,以便在新的工作环境中有突出的表现,即使最令人满意的组织也不能凭着过去的成功驶向未来。因此,任何一个人都有必要培养和提高自己的学习技能,不断拓宽知识面,从多方面丰富、提高自己。

在某贸易公司做了七年营销工作的纪莱芝连年获得公司优秀员工称号,是部门经理的热门人选。可最后公司高层没有任命她,而是从外面招聘了一个善于计算机操作、说得一口流利外语的"外来

第八章 大胆点，人生能有几回搏

和尚"。其实并不是上司对纪莱芝有什么不满，上司早就想栽培她，多年来几次提出送她去进修，纪莱芝却以工作忙并有家庭拖累为由婉拒了上司的美意，从来不给自己"充电"。结果是原有的知识已趋老化，难以应对新的挑战，她自己的位置也只能"原地踏步"了。

的确，现代社会，知识正在以前所未有的速度更新，让我们在体验着科技快感的同时，也不得不让我们去正视这种速度所带来的压力。如果我们不继续学习，只是以得过且过的态度工作生活，很快就会落伍。只有不断学习，才能跟上时代的发展，才能进一步提升自己，以提高和保持自己的竞争优势。

如果单从梳着的一条随意的"马尾刷"和那张总是带着两个酒窝的稚气的脸上，你也许不相信，这个名叫刘可的貌不惊人的女孩子，竟然是一家较有名气的外资企业的总经理的秘书。更让人不能相信的是，这个只有高中学历的女孩子，竟面对两位不同国籍的经理——一位英国籍经理，一位法国籍经理。她不仅让他们承认了她，而且有时还能听命于她的"发号施令"。

一年多前，她踏进了目前就职的这家公司。尽管好朋友曾劝告她，在外企就职，对于她这样一个只有高中文化水平的女孩子，本来就很艰难了，又要面对两个不同国籍、有着不同文化背景的外国老总，工作难度简直不敢想象。但外柔内刚的刘可，越是不可思议的事，她越是觉得富有挑战性，越是有兴趣。

刚进公司那段日子是最难熬的。经理们只把她当成个干杂事的小职员，不停地派些零七八碎的事情让她做，同事们也当她是个毛孩子。但刘可不在乎这些，她抓紧一切机会去学习，学外语、学业务知识，寻找着让别人认识自己的机会。

除了把工作做得周到细致外，她还把自己所能见到的各种文件，全部都"抢"到自己的工作台上，只要有空就去认真翻阅琢磨，了解研究公司的业务。对于外文文件的文字障碍，就不厌其烦地去翻看英文字典和法文字典。时间久了，她对公司的业务可以说了如指掌，为自己进入通畅的良性工作循环状况做了充分的准备。

作为一个大公司的职员，没有足够的现代知识武装头脑，失去生存机遇的可能性就是百分之百。她给自己制订了严格的学习计划——学习外语，学习计算机。在她的时间表里，休息日的概念早已模糊。在正常的五天工作日，她必须像其他的职员一样坚守工作岗位，又要把老总们所要做的一切安排得井井有条。为此，她常常要加班，时间在她那儿已被挤压得没有什么空隙，就是这样，她还是风雨无阻地坚持上各种辅导课。她常说，等我有了机会和条件，我会给自己选择一个安稳的、理想的学习环境。

对一个只有高中学历的柔弱女孩子，可以想见她所遇到的种种困难并非高学历者可以想象的，但是她成功地站稳了脚跟，并且成为这个公司的杰出者，就是因为她很清楚知识对于竞争的作用，并努力地汲取知识来充实自己。

很多人没有持续学习的意识，当他们有了一份稳定的工作时，就变得停滞不前，看不到不学习所带来的危机。有的人宁愿每天重复着生活和工作，把闲暇的时间白白耗费掉，也不肯利用学习来充实自己。这就是为什么会有那么多人，经常感叹生活单调、工作枯燥、内心空虚、活着没劲的根源所在。

学习与否的选择权在你自己手中。如果你把握每一天，努力学习，学习就会成为你成长的手段。如果你忽视学习，那么你明天可能就会被淘汰。

良好的习惯是成功的关键

人要养成良好的习惯，这是健康成长和走向成功的关键。有一个哲人曾说过："习惯是人生的主宰，人们应该努力地追求好习惯。"行为习惯就像我们身上的方向标，指引着每一个人的行动。行为习惯对一个人各方面的素质起了决定性的作用，对我们来讲，尤为重要。综观历史，大凡获得成功的人，都是长期坚持一些良好行为，养成习惯，形成自然。

好习惯会让我们终生受用，有助于我们学习的进步、身心的健康，对我们是有所裨益的。

1978年75位诺贝尔奖获得者聚会巴黎，有人问一位学者："您在哪里学到了您认为最重要的东西？"这位白发苍苍的学者出人意料地回答："在幼儿园。"又问："在幼儿园您学到了什么？"学者回答："比如，把自己的东西分一半给小伙伴们，不是自己的东西不要拿，东西要放整齐；饭前要洗手；午饭后要休息；做了错事要表示歉意；自己的事情自己做；学习要多思考，要仔细观察大自然。我认为，

第八章 大胆点，人生能有几回搏

我学到的全部东西就是这些。"科学家普遍都认为在学校养成良好习惯让他们终生受益。

托尔斯泰六七岁开始，就养成了写日记的好习惯，把每天有趣的事记下来。九岁的时候，他专门记了一本《外祖父的故事》，里面记满了外祖父打仗时的非凡经历和有趣故事。他还喜欢收集激励自己的名言警句，记了满满一本子，后来收集名言警句也成了他一生的习惯，逐渐发展到把自己关在书屋里，终日与书为伴，最终开始自己创作。丰富而深厚的积淀使他的文学作品传到各地，感动了一代又一代人。

马克思曾说："良好的习惯是一辆舒适的四驾马车，坐上它，你就跑得更快。"这告诉人们，要想在事业上取得成功，就必须有好的习惯，它能使人更快地达到目标，更好地实现理想。

良好的习惯是事业成功的基石，是一种顽强而巨大的力量，它可以主宰人生。但是坏习惯则会影响人的发展。一旦我们养成了坏习惯就会有损于身心健康，不利于学习和工作的顺利完成，无益于社会影响。总之，坏习惯对我们来说是有百害而无一益的。

纽约有位贫困工人约瑟夫，长期以来养成了抽烟的习惯，最终他也为此受到了惩罚。

有段时期，约瑟夫抽烟抽得很凶。一次他在度假中开车经过法国，而那天正好下大雨，于是他只得在一个小城里的旅馆过夜。当约瑟夫清晨两点钟醒来时，想抽支烟，但他发现，烟盒是空的。于是他开始到处搜寻，结果毫无所获。这时，他很想抽烟。然而，如果出去购买香烟要到火车站那边去，大约有6条街以外那么远，因为此时旅馆的酒吧和餐厅早已关门了。他抽烟的欲望越来越大，不断地侵蚀着他。被迫无奈，他决定出去买烟。然而，当他经过路口时，一辆汽车急驶而过，而此时他已被烟瘾折磨得神志不清，被汽车撞倒，还好没有受到很重的伤害。

事后，约瑟夫承认，这一切都是烟瘾造成的，如果不是长期养成抽烟的坏习惯，也许他不会得到这样的结果。

有时候一个坏的习惯一旦定型，它所产生的后果是难以想象的，尤其是习惯这种力量往往是巨大而无形的，当你感觉到它的坏处时，很可能想抵制已经来不及了。

在我们的身上，好习惯与坏习惯并存，那么，唯一能够有效改变我们生活的手段便是去有效地、最大限度地改变我们的坏习惯。当然，改变坏习惯，养成好习惯，并不是一蹴而就的事情。但是如果我们有毅力、有恒心，时时警觉、时时克制自己，时间久了，习惯一经养成就会自然而然地沿袭下去，这便是"习惯成自然"了。不用强制与警觉，也能行所无事地去做，这就养成了终生受用的好习惯。好的习惯可以帮助你冲破困难的阻挠，走上成功的道路。

第八章 大胆点，人生能有几回搏

成功需要脚踏实地

　　脚踏实地是一种作风，一种认认真真、实实在在、不骄不躁的作风，是做人、做事稳健的基础和前提。踏踏实实地做好大家都认为重要的事，便能敲开成功之门。

　　在通往成功的路上，没有什么捷径，要走出属于自己的生存之路，好高骛远是行不通的，脚踏实地做好你该做的工作，学会你该学会的知识才是人生的首要选择。脚踏实地、实实在在地去做，才是通往成功的最好的捷径。

　　有这样一则寓言：

　　一天，上帝宣布说，如果有哪个泥人能够渡过他指定的河流，他就会赐给这个泥人一颗永远不死的金子般的心。

　　过了好长时间，泥人们都没有回应。就在上帝也不抱希望时，终于有一个小泥人站了出来，说他想过河。

　　"泥人是不可能过河的，你别做梦了。"

　　"你的身体会一点儿一点儿的被河水冲走的。"

"就算不被河水冲走，河里的鱼虾也会把你吞掉的……"

然而，这个小泥人还是执意要过河。他不想一辈子只做泥人，他要拥有自己的天堂。同时，他也知道，要到天堂，必须先过地狱，而他的地狱，就是他将要穿越的这条河。

小泥人来到了河边，它一步一步沉默地往前挪动着自己的脚步，他的双脚飞快地溶化着，一阵阵撕心裂肺的痛楚时时袭来，鱼虾也在贪婪地啄食着他的身体。但是，小泥人仍然孤独而倔强地走着。小泥人就这样一步一步地往前走，它不知道自己要迈多少步才能过河，也不知道自己能不能过得了河，它只是感觉河好宽好宽，好像耗尽一生也走不到尽头似的。终于，就在小泥人几近绝望的时候，他突然发现，自己居然上岸了。低头看时，他惊奇地发现，他已经有了一颗金灿灿的心。

小泥人终于明白了：从来就没有什么幸运的事情，能够来到天堂的人，不是因为幸运，而是都经过了地狱般的磨难，一步一步踏踏实实走过来的。

不要以为可以不经历过程而直奔终点，不从卑俗而直达高雅。目标远大固然不错，但有了目标，还要为目标付出艰苦的努力。如果你只空怀大志，而不愿为理想的实现付出辛勤劳动，那么"理想"只能是空中楼阁。

是啊，如果一个人总是眼睛盯着高处，却不愿做好身边的事情，那将一事无成。只有走好脚下每步路，才能在激烈的竞争中"杀出一条血路来"。脚踏实地是一种美德，如果我们脚踏实地地对待目标，那我们定能成绩卓著。

第八章　大胆点，人生能有几回搏

卡尔与戴维都是哈佛大学经济管理学系的高材生，毕业后一同进了费巴集团的国际贸易部。这家企业是世界500强企业之一。两人为了保住这份不错的工作，表现得格外努力。然而半年下来，他们不但没有得到提升，上司还经常对他们表示不满。

有一天，卡尔又被训斥了一顿，他气愤地对戴维说："我们可是哈佛大学的精英，上司却一点也不把咱们放在眼里，明天不妨我们就对他拍桌子，然后辞职不干了！"

戴维并没有像卡尔那样愤怒，他反问道："你对公司的流程都弄清楚了吗？他们做国际贸易的窍门你都明白了吗？"

卡尔想了想，摇摇头说："没有！可是，我忍受不下去了，我一定要走！"第二天，卡尔离职了。

戴维继续留在了公司，他开始默记并学习公司的一切运作流程，甚至下班之后，还留在办公室里研究如何书写商业文书的方法。

一年之后，戴维见到了又准备辞职的卡尔，对他说："在你离开费巴以后，我就预料到你还会有离职的那一天。当初上司不重视我们，是因为我们的实践能力不足，并且我们也没有认真请教。你走了之后，我吸取了教训，每天下苦功学习，一步一个脚印地尽量让自己做得更好。如今，我做到了，上司也开始重视我了。"

美国总统罗斯福曾说过："成功的平凡人并非天才，他资质平平，但却能把平平的资质发展成为超乎平常的事业。一个人如果有了脚踏实地的习惯，具有不断学习的主动性，并积极为一技之长下功夫，那么成功就会变得容易起来。一个保持踏实心态做事的人，总有一颗热忱的心，他们甘于凡人小事，肯干肯学，多方向人求教，他们

不爱张扬,却在各种不同工作中不断追求,取得了成就。"老子有言:"天下难事,必作于易;天下大事,必作于细。"一个人的志向无论多么远大,要实现它,也必须从一点一滴的小事做起。

所以,做人千万不能好高骛远,只知抓着那个终极目标不放。有时候,从低处着手,反而更有利于目标的实现。集近成远,集小成大。成功之路就在自己脚下,即使理想再辉煌、目标再高远,如果不脚踏实地去走,终究也会一事无成。

第八章 大胆点,人生能有几回搏

成功者把勤奋当成一种习惯

鲁迅说:"伟大的事业同辛勤的劳动是成正比例的,有一份劳动就有一份收获,日积月累,从少到多,奇迹就会出现。"踏上成功之路就如同登山一样,唯有不懈攀登,才能一步步靠近峰顶。一个人不管天赋如何,背景怎样,"勤"在走向成功的过程中,始终不可或缺。勤奋是杰出之人成功的秘诀,也是所有想成功的人必须具备的一种素质。

有一位一心想成为大富翁的年轻人,他认为成功的捷径便是学会炼金术。于是他把全部的时间、金钱和精力都用在了炼金术上。不久,他用光了自己的全部积蓄,家中变得一贫如洗,连饭也吃不上了。

妻子无奈,跑到父母那里诉苦,她父母决定帮女婿摆脱幻想。他们对女婿说:"我们已经掌握了炼金术,只是现在还缺少炼金的东西。"

"快告诉我,还缺少什么东西?"年轻人迫不及待地追问道。

"我们需要3公斤从香蕉叶下收集起来的白色绒毛,这些绒毛必须是你自己亲自种下的香蕉树上的。等到收完绒毛后,我们便告诉你炼金的方法。"

年轻人回家后立即将已经荒废多年的田地种上了香蕉,为了尽快凑齐绒毛,他除了种自家以前就有的田地外,还开垦了大量的荒地。

当香蕉成熟后,他小心地从每片香蕉叶下搜刮白绒毛,而他的妻子和亲人则抬着一串串香蕉到市场上去卖。就这样,10年过去了,他终于收集够了3公斤的绒毛。

这天,他一脸兴奋地提着绒毛来到岳父母家,向岳父母讨要炼金之术。岳父母让他打开了院中的一间房门,他立即看到满屋的黄金。妻子站在屋中告诉他,这些金子都是用他10年来所种的香蕉换来的。

面对满屋实实在在的黄金,年轻人恍然大悟。从此,他努力劳作,终于成了一位富翁。

在现实生活中,人人都渴望成功,都想学会炼金术,而实际上成功的捷径就是勤奋。我们要时刻提醒自己:"成事在勤,谋事忌惰。"虽然金子很珍贵,但是纵然我们有黄金万两,若坐吃山空,总会有穷困的一天。唯有勤奋才是永不枯竭的财源。

勤奋刻苦,并不是口头上说说就可以做到的。一个人首先要对自己所学的知识或所从事的事业有深刻认识、浓厚兴趣和明确目标,才能有勤奋刻苦的精神、坚忍不拔的毅力,用一生的心血去为了理想而奋斗。

范仲淹自小丧父,母亲谢氏改嫁到朱家,他在朱家长大成人。

第八章　大胆点，人生能有几回搏

范仲淹从小读书十分刻苦，虽说朱家经济条件不错，但他为了励志，经常到山上的醴泉寺寄宿读书。他每天从早读到晚，丝毫也不松懈。寺庙里的生活非常艰苦，范仲淹每天只煮一锅稠粥，等粥凉了以后划成四块，早晚各取两块，就着几根腌菜吃。吃完了之后又继续读书。他毫不在乎这种清苦的生活，将全部精力放在了读书上。

大约三年过去了，范仲淹辞别母亲，徒步求学去了。真宗大中祥符四年，23岁的范仲淹来到睢阳应天府书院学习。这座学院是宋代著名的四大书院之一，聚集了许多志操才智俱佳的师生，还有大量的书籍可供阅览，并且免费就学。

范仲淹对于能到这样良好的学习环境格外珍惜，日夜不停息地苦读。范仲淹的一个同学是南京留守的儿子，见到范仲淹天天吃粥，便送给了他一些美食。谁知美食发霉了，范仲淹也没有吃一口。同学责怪范仲淹为什么不吃，范仲淹说："我已安于过喝粥的生活，一旦享受美餐，日后怕吃不得苦。"范仲淹清苦的生活，跟孔子的得意弟子颜回有类似之处，在清贫中不改其志。

就这样，别人在看花赏月，范仲淹却在苦读经书。几年之后，范仲淹已经精通儒家众多经典，如《诗经》《尚书》《易经》《礼记》《乐经》《春秋》等。

真宗大中祥符七年，宋真宗率领百官到亳州去朝拜太清宫。车队路过南京的时候，整个南京城都轰动了，人们都争先恐后地一睹龙颜，唯独范仲淹闭门不出，依旧在苦读。同学劝说他："快去看看吧，这是一个不可多得的好机会，不要错过啊。"范仲淹随口说了句"将来再见也不晚"，说完便头也不抬地继续读书了。

果然，第二年，范仲淹就得中进士，见到了皇帝。

一个人的成功有多种因素，环境、机遇、学识等外部因素固然重要，但更重要的是自身的努力与勤奋。范仲淹的经历就是最好的例证。

刻苦勤奋是一种积极的学习态度和主动的学习习惯，具有这种态度和习惯的人，能够忍得住寂寞，平得下心气，为了心中的远大理想而执着追求，用自己的实际行动实践着"学习足以怡情、博世、长才"的信条。勤奋刻苦对人一生的发展有着极为重要的影响，它能铺就我们的成功之路。

第八章　大胆点，人生能有几回搏

珍惜时间，切勿虚度光阴

朱自清说："燕子去了，有再来的时候；杨柳枯了，有再青的时候；桃花谢了，有再开的时候。但是，聪明的你告诉我，我们的日子为什么一去不复返呢？——是有人偷了他们罢：那是谁？又藏在何处呢？是他们自己逃走了罢：现在又到了哪里呢？"时光就是这样匆匆地走过、匆匆地流逝，无奈的我们应该做些什么呢？陆机在《短歌行》中说道："人寿几何？逝如朝霜。时无重至，华不再阳。"人生短短几个秋，就是弹指一挥间的事。无论我们干什么事情都要珍惜时间，万不能慨叹人生的苦短，让时间白白从身边流逝。

在不知不觉中，他来到了另外一个世界。映入眼帘的是一个大瀑布，瀑布沿着一条银带似的小河缓缓东去。瀑布旁有被水冲击打磨得漂亮而光滑的石头。天空飘着几朵闲适的白云，飞鸟时常斜着身子掠过天空，划出一道道美丽的弧线。

在瀑布下，他发现了一位白发苍苍的老者，在这荒无人烟的地方，竟然有人。怀着好奇心的他飞速向老人跑去，当他气喘吁吁到达老人身旁时，老人微笑地看着他。老人穿着朴素，但容貌不凡，脸上刻着长长短短、深深浅浅的皱纹，精神饱满，春光得意，微风满面。仔细打量过老人后，他好奇地问他是谁，老人幽默地回答："我是时间老人，呵呵。"

"时间老人？"他几乎不相信自己的耳朵。

"对，孩子，我就是时间老人。"老人认真地回答道。

"那这是哪儿？"他疑惑不解地问道。

"这是空气中的世界，我们距世界地面的平均高度有900多米，在地面是看不到我们的，这个微型世界是不断移动的，即使飞机、火箭也无法撞过来。"老人讲得头头是道，他听得目瞪口呆。

他非常困惑，问道："我怎么会到这里呢？"

老人和蔼地问道："孩子，你多大了！"

他斩钉截铁地回答："13岁了！"

"那，孩子，这13年来，你有几年认真度过？"老人紧接着问道。

"我……"他竟然没答出来。

老人又问道："你有几个月精彩度过？"

"什么，我……"他支支吾吾还是没答出来。

"孩子，那你有几天真心度过？"老人仍然很平静地问道。

"我……对不起，我没有一天一丝不苟地度过。我爱磨蹭，拖拖拉拉，半途而废，从来没有全心全意追求我的理想。"他羞愧地低着头，脸上火辣辣的。

一双手突然温柔地抚摸着他的头，就如一阵春风扑面吹来。他

第八章 大胆点,人生能有几回搏

抬头一看,是时间老人,老人很高兴地望着他。

"你能够认识到自己不珍惜时间,主动承认错误,已经很不错了。你知道吗,时间的力量多么强大!你看——"他指着瀑布那边的景物,"瀑布的水顺着小河一直向东流去,它不会再流回来了。看石头被水流打磨得多么光滑、漂亮啊!云也是随着时间的推移,变幻出千姿万态的。还有今天飞鸟从这条路线飞过,下次飞过的可能不是小鸟,而是老鸟了。时间造人才,只有对时间珍惜的人,时间才会对他慷慨。时间就是生命啊,如果你现在就开始浪费时间,注定会是一个失败的人生。你懂了吗?"老人慈祥地问他。

他受益匪浅地点了点头,十分郑重地说道:"我一定珍惜时间,度过美好的未来。"老人慈祥地笑了笑,突然不见了……

时间是一切的保障。没有时间,一切都不可能成功。没有时间,人就不可能学习,不可能生活,更不用说去追求财富以及美好的未来了。浪费时间就是浪费生命、浪费人生,难道我们忍心让人生就这样悄悄地逝去吗?

"明日复明日,明日何其多;我生待明日,万事成蹉跎。"这短短几句话是古人留给我们的智慧。古人懂得珍惜时间,有"悬梁刺股""囊萤映雪""凿壁偷光"的勤学佳话。现在的我们更加应该珍惜时间,抓紧每一分每一秒。

鲁迅自幼聪颖勤奋。"三味书屋"是清末绍兴城里一所著名的私塾,鲁迅12岁时到"三味书屋"跟随寿镜吾老师学习,在那里攻读诗书近五年。鲁迅的座位在书房的东北角,他使用的是一张硬木书

桌,现在这张木桌还放在鲁迅纪念馆里。

鲁迅13岁时,祖父因科场案被逮捕入狱,父亲正患着重病,两个弟弟年幼,鲁迅不仅经常上当铺、跑药店,还得帮助母亲干家务劳动。有一天,鲁迅在家里帮助妈妈多做了一点事,结果上学迟到了,严厉的老师狠狠地责备了鲁迅一顿。

鲁迅挨训以后,并不因为受了委屈而埋怨老师和家庭,反而诚恳地接受了批评,决心做好精确的时间安排,再也别因做家务而迟到。于是,他用小刀在书桌的右下角,正正方方地刻了一个"早"字。在那些艰苦的日子里,每当他气喘吁吁地准时跑进私塾,看到课桌上的"早"字,都会觉得很开心,心想:"我又一次战胜了困难,又一次实现了自己的诺言。"

鲁迅读书的兴趣十分广泛,又喜欢写作,他对于民间艺术,特别是传说、绘画,也深切爱好。正因为他广泛涉猎、多方面学习,所以时间对他来说,实在非常重要。他一生多病,工作条件和生活环境都不好,但他每天都要工作到深夜才肯罢休。在鲁迅看来时间就如同生命。

因此,鲁迅最讨厌那些成天东家跑跑、西家坐坐、说长道短的人,在他忙于工作的时候,如果有人来找他聊天或闲扯,即使是很要好的朋友,他也会毫不客气地对人家说:"唉,你又来了,就没有别的事好做吗?"

时间是最公正的裁判,无论你是贫穷还是富有,每个人都是一年365天,一天24小时,不多不少。关键就看我们如何合理地安排时间了。有的人会在一天中取得成绩,有的人却会在一天里碌碌无为，虚度光阴。那么怎样才能做到珍惜时间呢？学会勤勉，不让每一天都闲置，每时每刻都要做有用的事情，只有这样我们才能成为时间的主人，成为一个不虚度光阴的人。

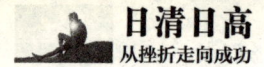

养成虚心好学的习惯

一个人愚昧无知并不可怕,只要懂得虚心求教,结果仍然是好的。在人生的旅途中,不断地学习才是一个人事业成功的有力保障,不断地学习才是让心灵充满活力的良方。美国第三届总统托马斯·杰斐逊曾说:"每个人都是你的老师。"每一个人要想取得成就,那么就要向他人虚心求教。

生活中很多人一旦有了些成就,便会内心虚浮、轻视他人。一定要调整好自己的心态,你会得到别人的尊重,收获更高的成就。华佗是声名鹊起的神医,面对疑问依然能够虚心学习,这给那些自恃清高的人们予以警示。

华佗,字元化,东汉时期著名医学家。他不图利禄,拒不为官,常行医民间,足迹遍及今江苏、山东、安徽、河南等地。他精通内、外、妇、儿、针灸各科,尤以外科擅长。他高超的医术使他赢得了"神医"的声誉。

华佗的成就与他不断地刻苦钻研,虚心向同行求教分不开。在

第八章 大胆点，人生能有几回搏

华佗成名以后，有一天，一位年轻人前来求医。华佗仔细检查后对病人说："你得的是头风病，药我这里有，但没有药引子。"

"要用什么东西作药引子呢？"

"生人脑子。"

病人吓了一大跳，心想：上哪儿去找生人脑子呢？失望地回家了。

回家后，这位年轻人不甘心，又到处求医诊治。他听说有位老医生医术很高明，于是抱着试一试的心情前去求治。

老医生问他："你找谁看过吗？"

"我找华佗看过，他说要生人脑子作药引子，我没有办法。现在请您看看有没有别的治疗办法。"

老医生看了看，笑着对他说："有生人脑子当然好，不过不用生人脑子也可以。你去找10顶旧草帽，煎汤喝就行了。要记住，草帽必须是人们戴过多年的才有效。"

年轻人照着去做，果然药到病除。

有一天，华佗又碰到了这位年轻人，见他身强力壮、两眼炯炯有神，完全不像有病的样子，于是就问："你的头风病好了？"

"是啊，多亏了一位老先生给治好了。"

华佗详细地询问了治疗的经过后，非常敬佩那位老医生，于是萌发了向老医生求教的念头。华佗知道，如果老医生知道他是华佗，肯定不会收他为徒。他装扮成不懂医术的普通人模样，照那位年轻人的指点来到老医生的家里，拜老医生为师，一学就是3年。

一天，老医生出门治病，华佗同师兄弟在家制药。门外来了一位肚大如萝、腿粗像斗的病人。他听说这里有名医，便前来求治。老师不在家，徒弟们不敢随便医治，就叫病人改天再来。病人则苦苦哀求道："求求先生，给我治一下吧！我家离这儿很远，我行动又不方便，来一趟真不容易啊！"

华佗见病人病情严重，来去不便，就说："我来给你试试。"

他看了看，便拿出二两砒霜交给病人说："这是二两砒霜，分两次吃。千万不能一次全都吃了啊！

"病人接过药，连声称谢。病人走后，师弟埋怨华佗不该随便使用砒霜，弄出了人命不是闹着玩的。华佗笑着说："不会有什么问题的。"

那位大肚子病人拿着药走出村外，正巧碰上老医生回来了，病人便上前求治。老医生一看便说："你这病容易治，买二两砒霜，分两次吃，一次吃有危险。快回去吧！"

病人一听，说："二两砒霜你的徒弟已拿给我了，他叫我分两次吃。"

老医生一听，感到纳闷："我这个处方除了护国寺老道人和华佗外，还有谁知道呢？我没有传给徒弟呀！"

回到家里，老医生问徒弟们："刚才那位大肚子病人的药是谁开的？"

小徒弟说："是师兄。"

华佗不慌不忙地说："师父，这病人得的是鼓胀病，用砒霜以毒攻毒，可以治愈。"

"这是谁告诉你的？"

第八章 大胆点，人生能有几回搏

"护国寺的老道人，我在那儿学过几年。"

老医生这才明白过来，他就是华佗，连忙说："华佗啊，你怎么到我这儿来学徒啊？"

华佗只好说出了他求学的原因。

老医生听完华佗的话，紧紧握住他的手说："你已经名声远扬了，还到我这穷乡僻壤来吃苦，真对不起你呀！"

华佗真诚地说："师父，我在您这儿学到了许多东西，我要感谢您才对呀！"

其实，在知识的海洋中，每一个人的智慧都只是其中的一滴水，即使成功的人也不例外。要想让自己具有优势，开发出自己的潜能，那么就应该虚心求教。成功者的一个特征，就是随时随地虚心求学，通过学习获得进步。学习，是人终生的伴侣。要想距离成功更近，就需要保持随时随地求进步的心态。只有这样，一个人才能跟上时代的步伐，不会被时代所淘汰。

善于借力，使自己强大

在人生旅途中，借人之力，也可成事。善于借助他人的力量，既是一种技巧，也是一种智慧。借助别人的力量，可以使自己变得强大起来。人要懂得借力之道，成己之事，这才称得上是高明。所以，在人生的道路上，不要忽视身边的任何一个人，因为说不定他们就是助我们成功的"梯"。

战国时的冯谖就是一个善于借助外力的人，并且巩固了孟尝君的宰相地位。

齐国的孟尝君田文继承了父亲田婴的爵禄之后，养了三千门客。他不仅礼贤下士而且才思敏捷，还善于因人成事，因此在各国诸侯中享有很高的名望。后来，孟尝君成为了齐国的国相，尽心尽力辅佐齐王跟秦国作斗争。他起到的作用是不可估量的。

后来，齐王受到秦国和楚国的挑拨，认为孟尝君独揽大权，其名声超过了自己，对自己的王位有很大的威胁。于是，齐王罢了孟尝君的官，还没收了他的封地。孟尝君由贵胄变成了普通人，所养

第八章 大胆点，人生能有几回搏

的门客也大都纷纷离开了他。此时，他的一个门客冯谖对他说："您让我带着礼物去秦国，我能包您官复原位，而且还能得到更多的封地。"

孟尝君欣喜，便让他去了秦国。冯谖到了秦国之后对秦王说："所有说客无论到秦还是到齐，都是为了秦强齐弱或秦弱齐强。齐、秦二国可以说不分雌雄，但一山不容二虎，这两国是不能并立的，谁要是称了雄，谁就可拥有天下。"

秦王听后问冯谖："您有什么办法能使秦国成为天下的霸主呢？"

冯谖说："齐国之所以能够得到诸侯的尊重，关键是有孟尝君。而现在齐王听信挑拨，免了他的官，孟尝君心里肯定不舒服，定想离开齐国。您要是趁机把他请来，让他担任国相，那么秦国就可以称雄天下了。您若是没有把握好机会，等待齐王醒悟后恢复孟尝君的职位，那么将来谁能统一天下就又是未知数了。"秦王听后觉得很有道理，随即派人携重金去齐请孟尝君。

冯谖离开秦国，先一步回到了齐国，马上就觐见齐王，并把他对秦王说的话对齐王重复说了一遍，还说："秦国非常欣赏孟尝君的才能，听说秦王已经派人带着重金来请他到秦国去了。如果孟尝君成为了秦国的国相，那么其他诸侯国都会归附于秦国。到时候，秦国势力就更大了，齐国则就危险了。大王可以趁秦国使者到来之前，先恢复孟尝君的官职，再给予他更多封地表达歉意。这样的话，孟尝君就会对国家更加忠心，我们齐国也就不会有灭亡的危险了。"

齐王觉得冯谖的意见很有道理，但心里还是拿不定主意。待派出去的人回来汇报说,秦国使者真的来请孟尝君了,齐王才赶紧恢复了孟尝君的官位,还给他增加了一千户俸禄。

俗话说:"一个篱笆三个桩,一个好汉三个帮。"当我们无力完成一件事情的时候,就不妨求助身边可以信任的人,也许借助他人的力量,就能轻松地完成事情。

《圣经》中记载了这样一则故事:

当摩西率领以色列子孙们前往上帝那里要求领地时,他的岳父杰罗塞发现,摩西的工作实在超过他能负荷的,如果他一直这样,不仅仅是他自己,大家都会有苦头吃。于是,杰罗塞就想办法帮助摩西解决问题。

他告诉摩西,将这群人分成几组,每组1000人;然后再将每组分成10个小组,每组100人;再将100人分成两组,每组50人;最后再将50人分成五组,每组10个人。然后杰罗塞告诫摩西,要他让每一组选出一位首领,而且这个首领必须负责解决本组成员遇到的任何问题。

摩西接受了建议,并吩咐负责每一组的首领,只有他才能将那些无法解决的问题告诉自己。自从摩西听从了杰罗塞的建议后,他就有足够的时间来处理那些真正重要的问题,而这些问题大多数只有他自己才能够解决。

杰罗塞教给摩西的,其实就是要善于利用别人的智慧,善于调动集体的智慧,用别人的力量帮助自己解决难题。

荀子说:"借助于车马的人,不必自己跑得快,却能远行千里;借助于舟船的人,不必自己善水性,却能渡过江河。君子生性与别人无异，只是因为他善于借助和利用外物，所以他就与别人不同了。"一个人要想在事业上获得成功，除了靠自己的努力奋斗之外，有时还需要借助他人的力量，这样才能平步青云。

养成果断决定的习惯

犹豫是一种不良的心理情绪。它的表现形式多种多样，包括极端的懒散状态和轻微的犹豫不决。生气、羞怯、嫉妒、嫌恶等都会引起犹豫不决，使人无法按照自己的愿望进行活动。犹豫的人总希望自己能够做出正确的选择，却又被每一个选择带来的负面结果蒙蔽了眼睛，根本不知道自己想要什么，事情的结果又会是怎样，最终让机会在自己的徘徊中悄悄溜走。

他们在面对重大选择时，总是会一再拖延，直至不得不决断的时候才仓促决定。他们唯恐今天决断了一件事情，也许明天会错过更好的事情，以至于自己可能会对第一个决断产生懊丧情绪。

有这样一个寓言：

一头驴子面前有两垛青草，欲吃这一垛青草时，却发现另一垛青草更嫩更有营养，于是跑到另一垛青草那里。在另一垛青草处，却又发现眼前这一垛还不如刚才那一垛好，于是又跑回去。等到跑

第八章 大胆点，人生能有几回搏

回来却又发现，还是另一垛好……于是，驴子在两垛青草之间来回奔波，最终也没吃上一根青草，结果饿死了。

按理说，人类要比驴子聪明得多，不会犯驴子一样的错误。其实不然，很多时候，人类的选择甚至比驴子还要笨。

有一位父亲试图用金钱赎回在战争中被敌军俘虏的两个儿子，但他被告知，只能救回一个儿子，他必须选择救哪一个。这个慈爱而饱受折磨的父亲非常渴望救出自己的孩子，但是在这个紧要关头，他无法决定救哪一个孩子、牺牲哪一个。这样，他一直处于两难选择的巨大痛苦中。在他还没有做出最终决定的时候，他的两个儿子都被处决了。

歌德曾经说过，犹豫不决的人，永远找不到最好的答案，因为机会会在你犹豫的片刻失掉。

在一些必须做出决定的紧急时刻，不能因为条件不成熟而犹豫不决，应当机立断地做出一个决定。你可能成功，也可能失败，但如果犹豫不决，那结果就只剩下了失败。

许多人虽然在能力上出类拔萃，但却因为犹豫不决的性格，最终失掉良机而沦为平庸之辈。因此，我们必须改变犹豫不决的性格，即使处在混乱中，也必须果断地做出自己的选择。

优柔寡断、当断不断是成功的大敌，在很多情况下，许多人正是由于没有及时做出决定而错过了大好机会。

做人总会有进退两难的时候，就如站在人生的十字路口上，不知如何是好。这个时候，一定不要优柔寡断，而是要当机立断，迅速做出决定。因为，不能决断的时候，往往正是关系自己生死存亡

的关键时刻，这个时候的优柔寡断，往往会让你遭受巨大的损失，甚至付出生命的代价。

一个樵夫上山砍柴，不慎跌下山崖。危急之际，他拉住了半山腰一根横出来的树干。但是崖壁光秃秃的，而且很高，根本爬不回去，而下面又是崖谷。真是上天无路，入地无门，樵夫不知如何是好。

正在这时候，一位老僧路过这里，对他说道："施主，我现在可以指点你一条生路。但是，你必须听我的安排。"

樵夫赶快答应道："好的，好的，你赶快说吧。"

僧人说道："你现在放开你的两只手。"

"放手？不行啊师父，下面是崖谷，我跳下去会摔死的。我还是等等，看有没有人能救我吧。"

僧人哈哈大笑："这位施主，既然不能上，那就只有往下跳了。跳下去不一定能活。但是，你这样吊着等人来救，别说没有人来，恐怕有人能救你的时候，你已经死了。"

樵夫觉得有理，索性横下心来，眼睛一闭松开两手——结果竟奇迹般地掉在了山脚的草堆上，很快被闻迅赶来的山民救起，保住了一条性命。

优柔寡断是成功的敌人，在它还没有伤害到你、破坏到你之前，你就要先把这一敌人置于死地，培养一种胆大心细、雷厉风行的行事风格。

要想把握生命中的幸福，把握住每一次成功的机会，就要果断决定，凡事要当断则断。其实，很多时候，你想思考周全，防止纰漏，结果却往往事与愿违。要知道，生活中原本需要非常谨慎的事并不太多，就算是真正的大事，也很难找到万全之策，一再犹豫不会使事情自动向好的方向发展。不如抓住机会果敢行事，或许还会取得意想不到的成功。